Niklewski/ Riecke-Niklewski

Leben mit einer Borderline-Störung

Dr. med. Günter Niklewski
Dr. phil. Rose Riecke-Niklewski

Leben mit einer Borderline-Störung

Ein Ratgeber für Betroffene und ihre Partner

- Die Borderline-Störung erkennen und verstehen
- Welche Therapieangebote Ihnen weiterhelfen
- Großer Spezialteil für Angehörige: Partnerschaft und Alltag leben

Bibliografische Information
Der Deutschen Bibliothek
Die Deutsche Bibliothek verzeichnet diese
Publikation in der Deutschen National-
bibliografie; detaillierte bibliografische
Daten sind im Internet über
http://dnb.ddb.de abrufbar.

Leserservice:

Wenn Sie Fragen oder Anregungen zu diesem
Buch haben, schreiben Sie uns:
TRIAS Verlag
Postfach 30 05 04
70445 Stuttgart
oder besuchen Sie uns im Internet:
www.trias-gesundheit.de

Programmplanung:
Sibylle Duelli

Lektorat:
Sibylle Duelli

Illustrationen:
Sabine Seifert

Bildnachweis:
Coverphoto vorn: Schutzengelchen von
Künstlerin Martina Wildner, Fotograf Bernd
Emhart, Nürnberg
Umschlag hinten: Corbis
Kapitelaufmacher (S. 11, 36/37, 58/59,
122/123, 144/145, 166/167): photoDisc Inc.;
AktuellesFotoArchiv, MEV, Augsburg; Corel
Stock Library

Wichtiger Hinweis:
Wie jede Wissenschaft ist die Medizin ständigen Entwicklungen unterworfen. Forschung
und klinische Erfahrung erweitern unsere
Erkenntnisse, insbesondere was Behandlung
und medikamentöse Therapie anbelangt.
Soweit in diesem Werk eine Dosierung oder
eine Applikation erwähnt wird, darf der Leser
zwar darauf vertrauen, dass Autoren,
Herausgeber und Verlag große Sorgfalt darauf verwandt haben, dass diese Angabe
**dem Wissensstand bei Fertigstellung des
Werkes** entspricht.
Für Angaben über Dosierungsanweisungen
und Applikationsformen kann vom Verlag
jedoch keine Gewähr übernommen werden.
Jeder Benutzer ist angehalten, durch sorg-
fältige Prüfung der Beipackzettel der verwendeten Präparate und gegebenenfalls nach
Konsultation eines Spezialisten festzustellen, ob die dort gegebene Empfehlung für
Dosierungen oder die Beachtung von Kontra-
indikationen gegenüber der Angabe in diesem Buch abweicht. Eine solche Prüfung ist
besonders wichtig bei selten verwendeten
Präparaten oder solchen, die neu auf den
Markt gebracht worden sind. **Jede Dosierung
oder Anwendung erfolgt auf eigene Gefahr
des Benutzers.** Autor und Verlag appellieren
an jeden Benutzer, ihnen etwa auffallende
Ungenauigkeiten mitzuteilen.

Gedruckt auf chlorfrei gebleichtem Papier

© 2003 TRIAS Verlag in
MVS Medizinverlage Stuttgart GmbH & Co. KG
Printed in Germany
Satz: Sabine Seifert
Druck: Westermann Druck Zwickau GmbH

ISBN 3-8304-3111-2   1 2 3 4 5 6

● Die Behandlungsmöglichkeiten der Borderline-Störung 83

Warum dieses Buch?

In einem Ausstellungskatalog der Künstlerin, von der das Umschlag-
motiv stammt, ist nach der Auflistung der biografischen Daten der
Satz zu lesen: »Und bei all dem begleitete mich immer meine Borderline-Störung.« Was die Künstlerin hier – fast liebevoll formuliert – als
ihre seelische Problematik benennt, ist ein schwieriges Lebensschick-
sal, das immer mehr meist jüngere Menschen zu betreffen scheint. Aktuelle Studien aus den USA lassen den Schluss zu, dass etwa zwei Prozent der Bevölkerung an den für eine Borderline-Störung typischen
Symptomen leiden. Unter Patienten, die eine ambulante Therapie
machen, haben diesen Studien zufolge etwa 11 Prozent eine diagnosti-
zierte Borderline-Störung. Bei Patienten, die in psychiatrischen
Abteilungen oder Kliniken stationär behandelt werden, sind
es sogar 19 Prozent. Für die Verbreitung in Deutschland gibt
es bisher keine Erhebung. Aber auch bei uns werden Borderline-Störungen vor allem bei jungen Erwachsenen heute so
häufig diagnostiziert, dass Kritiker – in Einzelfällen sicher
nicht ganz zu Unrecht – die Diagnose zur Modediagnose oder die
Störung selbst zur Modekrankheit erklärt haben.

Borderline-
Störungen werden
immer häufiger
diagnostiziert.

Doch die Krankheit ist nicht neu. Schon Ende des 17. Jahrhunderts
schrieb der englische Arzt Thomas Sydenham über eine Reihe seiner
Patienten in einem Brief den heute so oft zitierten Satz: »Sie lieben diejenigen ohne Maß, die sie ohne Grund hassen werden.« Und er beklag-
te sich über ihre plötzlichen Ausbrüche von Wut, Schmerz oder Angst.
Natürlich nannte Sydenham die von ihm beschriebene Störung nicht
Borderline-Störung (er wählte für Frauen den Begriff Hysterikerin, für
Männer den Begriff Hypochonder), dennoch traf er mit seiner Beschreibung den Nagel auf den Kopf. Auch heute noch sind die von ihm
genannten Symptome zwei der wichtigsten, wenn es darum geht, die
Diagnose einer Borderline-Störung zu stellen. Zu »Grenzfällen« wurden
solche Menschen jedoch erst zwei Jahrhunderte später. Kurz vor Beginn des 20. Jahrhunderts tauchte der Begriff »Borderland« (Grenzland)
bei mehreren englischen Psychiatern auf. Auch sie hatten Patienten
im Auge, die ihnen durch den schnellen Wechsel zwischen unterschiedlichen, ja gegensätzlichen Gefühlen und Affekten, durch ein
Schwarz-Weiß-Denken und -Fühlen und häufige Wutausbrüche auffie-
len. 1938 führte der amerikanische Psychoanalytiker A. Stern dann
den Begriff »Borderline« (Grenzlinie) ein, um begrifflich einer be-

stimmten Gruppe von Patienten gerecht zu werden. Ihre Leiden pass-
ten einerseits nicht in die gängigen Kriterien der psychoanalytischen
Neurosenlehre, konnten andererseits jedoch auch nicht eindeutig als
psychotisch bezeichnet werden. In dieser recht vagen Fassung blieb
»Borderline« lange eine Verlegenheitsdiagnose, die mehr Verwirrung
als Verständnis schuf und deshalb auch ungern verwendet wurde. Und
immer noch dauerte es fast ein halbes Jahrhundert bis der Begriff der
»Borderline-Störung« offiziell als Erkrankung die medizinischen Wei-
hen erhielt: Erst Ende des 20. Jahrhunderts wurde er in die allgemein
anerkannten und international verbindlichen medizinischen Klassifikationssysteme aufgenommen. So systematisiert fand er dann auch
Eingang in die medizinische Forschung, in die Praxis der Diagnostik
und der Therapie.

Betrachtet man heute die Flut fach- und populärwissenschaftlicher
Veröffentlichungen zum Thema und die schier unendliche Zahl der
Einträge im Internet unter dem Stichwort, so drängt sich folgender
Eindruck auf: Die Borderline-Störung ist zur typischen seelischen Störung unserer Epoche geworden, vergleichbar mit der Hysterie zur Zeit
Freuds. Und es ist zu befürchten, dass die Zahl der Betroffenen weiter
zunimmt. Auch wenn genaue Daten unter anderem wegen der bis vor
wenigen Jahrzehnten bestehenden diagnostischen Unklarheiten fehlen, so scheint doch unsere heutige gesellschaftliche Entwicklung diese Zunahme geradezu zu begünstigen. Der amerikanische Psychoanalytiker O. F. Kernberg, dem wir unser heutiges Verständnis der Borderline-Persönlichkeit verdanken, formuliert es so: »Die Kombination aus
Verlust einer akzeptierten kulturellen Tradition, Zerstörung der Familie, Armut, rassistischen Vorurteilen, hoher Konzentration der Bevölkerung *(in Städten, die Verfasser)*, Fehlen von Arbeitsmöglichkeiten, Dro-
genhandel und AIDS tragen dazu bei, dass eine Generation auf der
Straße aufwächst. Frauen haben Kinder, die sie an ihre eigenen Mütter
abschieben, Kinder, die auf der Straße aufwachsen, Väter, die sich für
sie überhaupt nicht interessieren, und das wirkt sicher im Sinne von
traumatischen Umständen, so dass man voraussagen kann, dass wahrscheinlich in der nächsten Generation schwere Persönlichkeitsstörungen häufiger sein werden.«[1]

Die »Karriere« dieser schwierigen seelischen Störung brachte auf der
einen Seite eine intensive fachwissenschaftliche Diskussion mit sich,

---

1 Psychotherapie im Dialog Nr. 4/Dezember 2000 S. 87

ließ auf der anderen Seite jedoch auch Fehlinformationen und Vorurteile ins Kraut schießen – und dies nicht nur bei Laien. In der Fachwelt wird die Störung immer noch heftig und kontrovers diskutiert, und auch unter den Fachleuten sind Irrtümer noch weit verbreitet. So kommt es, dass von der Borderline-Störung Betroffene häufig lange Irrwege hinter sich haben. Ihnen werden oft unzählige andere Diagnosen gestellt und verschiedenste Therapien angeboten, bevor sie an eine kompetente Adresse geraten. Erst durch die richtige Diagnose wird eine passende und damit Erfolg versprechende Therapie möglich. Gerade wenn die Störung mit gefährlichen Komplikationen einhergeht, sind frühzeitiges Erkennen und eine frühzeitige Behandlung aber von entscheidender Bedeutung, Sie kann Betroffenen und Angehörigen langes Leid ersparen, nicht zuletzt, weil ihnen ein besserer Umgang mit einer Störung ermöglicht wird, die alle Lebensbereiche beeinträchtigt.

Es fehlt immer noch an Informationen über die Borderline-Störung.

Dieses Buch will deshalb dazu beitragen, wesentliche Informationen zur Borderline-Störung, zu ihren Symptomen, Schwierigkeiten und Behandlungsmöglichkeiten zu vermitteln. Denn gerade für seelische Störungen gilt, was bei körperlichen Erkrankungen längst Allgemeinwissen geworden ist: Ein informierter Patient und informierte Angehörige tragen wesentlich zum Erfolg der Behandlung bei.

Dank sei Frau Oberärztin S. Bofinger und Frau Dipl.-Psych. S. Kasch für ihre ständige Diskussionsbereitschaft, ihre wertvollen Anregungen und ihre hilfreiche Kritik ausgesprochen. Unser Dank geht auch an das Team der Borderline-Station am Klinikum Nürnberg, dessen stetiges Interesse dieses Buch mit veranlasst hat.

Nürnberg, im Frühjahr 2003

Dr. phil. Dr. med. Günter Niklewski
Dr. phil. Rose Riecke-Niklewski

Annäherung an eine schwierige seelische Störung

Die Borderline-Störung ist facetten-
reich – ebenso wie die Versuche,
sie zu beschreiben, sie einzuordnen
und zu definieren.
Welche Kriterien auf eine Borderline-Störung hinweisen, ist heute
verbindlich festgelegt. Wie diese
von Betroffenen erlebt werden,
schildern sie hier selbst.

Was ist eine Borderline-Störung?

Wer bin ich? Ein Versuch

▶ Die Ärzte in der Klinik haben mir die Diagnose Borderline-Persönlichkeits-störung verpasst. (Davor war ich mal verhaltensgestört, dann essgestört, dann angstgestört – was sich Ärzte alles so einfallen lassen!) Jetzt bin ich also eine »Borderlinerin«. Damit muss ich leben. Hab' mich gleich durch Tausende von Surflinks durchgeklickt. Das also soll ich sein? Ich bin also wenigstens nicht allein mit diesem Etikett. Aber wer oder was bin ich? Ein Versuch: Ich bin 23, weiblich, bin dick oder fett, je nachdem wie ich drauf bin, habe vier abgebrochene Psychotherapien und ein abgebrochenes Studium hinter mir. Ganz schön blöd gelaufen.

Jetzt wohne ich also wieder bei meinen Eltern. Das geht so einigermaßen. Meine Mutter bringt mich zwar mit ihrem Gerede zur Weißglut, dann könn-te ich ihr ins Gesicht treten (was, ich gebe es zu, einmal passiert ist – nun, nicht getreten, aber so ähnlich!). Aber mit meinem Vater versteh' ich mich, obwohl er eigentlich nie da ist. Er ist ein Supertyp. Wie der diese Alte heiraten konnte!

Mit dem Studium habe ich nun endgültig aufgehört, da es mich einfach überfordert hat, jeden Tag zur Uni gehen, zu lernen, Klausuren zu schreiben. War ja sowieso Mist – und hat mich schon lange nicht mehr in-teressiert.

Davor ist schon einiges schief gelaufen, muss ich zugeben, weil ich mich im ersten Semester mit einem Dozenten zweimal so furchtbar in die Haare gekriegt habe, dass ich mich danach das ganze Semester nicht mehr in die Uni getraut habe. Ich bin dann zur psychologischen Studentenberatung, beziehungsweise mein Freund hat mich hingeschleppt, und die haben mir einen Psychotherapeuten vermittelt. Der schien erst ganz toll, war echt an mir interessiert, bis ich gemerkt habe, dass der mir nur an die Wäsche wollte.

Hier mache ich nun seit zwei Monaten mal wieder eine ambulante Thera-pie. Ich glaube, es ist die vierte. Die erste fand statt, als ich in der Grund-schule war. Da wollte ich, glaube ich, nicht mehr in die Schule, weil die mich immer gemobbt haben und ich dann entweder geheult oder zu-geschlagen habe. Und die zweite, die ich nur vier Wochen durchgehalten habe, war wegen meiner »Essstörung«. Da hat es mir gereicht, weil die Therapeutin mit meinem Arzt sprechen wollte. Hat mir wohl unterstellt, ich erzähle ihr Märchen von wegen Gewichtszunahme und so, und mich selbst auf die Waage stellen konnte sie ja nicht. Wenn mir jemand unterstellt, dass ich ihn anlüge, kann er mir gestohlen bleiben!

Also die jetzige Therapie: Meine Mutter hat mich gezwungen, als ich wieder nach Hause kam. So ist die! Immer nur Abschieben, bloß sich selbst keine Gedanken machen, aber drohen – so im Sinne von: Entweder du suchst dir jetzt eine Arbeit oder du lässt dich therapieren! Aber mit der Therapeutin habe ich Glück! Die versteht mich!!! Sagt auch, dass die Klinik, in der ich nach Spanien war, eh keinen guten Ruf hat, ich also Recht hatte, die Therapie dort abzubrechen …

Ach ja, Klinik! Das kam so: Nach dem Abi wollte ich nichts wie weg von meiner Familie und so, bin also als Au-pair nach Barcelona und bin vom Regen in die Traufe gekommen. Die Mutter dort war schlimmer als meine. Alle spanischen Männer inklusive dem Hausherrn waren hinter mir her. Und irgendwann habe ich das nicht mehr gepackt, habe Panik geschoben, gesoffen, bis die Gastfamilie – wie das schon klingt: nix von Gast, Putze war ich – mir angedroht hat, mich nach Hause zu schicken. Den Stress daheim (Vorwürfe, Gejammere und »Kannst du es denn nirgends aushalten! Musst du uns das antun« und so weiter) wollte ich mir nicht antun und habe mir dann einen superfinalen Relax-Cocktail gemischt. (Der Mann ist Arzt und was da im Bad rumliegt!) – Nun ja, auf der Intensivstation bin ich gelandet. Da ging es erst recht nach Hause und ab in die Klinik, wo ich fast 7 Wochen war. Ich bin dann aber gegangen, weil die Ärzte so was von arrogant waren, vor allem meiner, der mir dann immer irgendeine Verhaltensanalyse aufbrummen wollte. Ich kam mir vor wie in der Schule – so mit Strafarbeit und so.

Beziehungen, Freunde? Vorgestern habe ich in der Disco einen tollen Typen kennen gelernt. Wir konnten uns super gut unterhalten, das habe ich bisher noch nie erlebt – wie Seelenverwandte. Ich glaube, bisher hat mich noch kein Mensch so gut verstanden wie der. Der Schock kam, als er mich küssen wollte. Richtige Panik habe ich gekriegt und einen Ekel, dass ich fast kotzen musste. Vielleicht machen mich Frauen doch mehr an. Da war mal eine, die Sabrina in Berlin – na ja, vergessen wir's.

Die Leute aus der Uni habe ich eh abgehakt. Die haben mich ja eh nur ausgenützt. Weil ich so gut koche, hingen sie dauernd bei mir rum. An mir waren sie nicht interessiert. Hier die Mädels von früher treffe ich ab und zu, eine ist super, die anderen sehe ich lieber von hinten. Aber eigentlich bin ich einsam, klingt theatralisch, ist aber so – auf keinen kann ich mich wirklich verlassen, jeder hat ja eh nur seine eigene Geschichte im Kopf.

Meine Medikamente nehme ich mehr oder weniger regelmäßig – obwohl, die letzten Wochen seit der Therapie habe ich sie nicht mehr genommen. Die aus der Klinik wollten mich doch nur vollpumpen. Jetzt ist meine Psyche dran. Wenn's mir sehr dreckig geht, hilft mir dann immer noch ein Caipi – das Rezept habe ich noch aus Spanien aus meiner Au-pair-Mädchen-Zeit. Manchmal tut's auch der Rum allein. Ja, ja, so'n typisches Symptom einer Borderlinerin, braucht mir keiner zu erzählen. ... Ich kann ja auch ohne, wenn ich will.

Und die anderen Symptome, die ich im Netz zusammengesucht habe? Stimmungsschwankungen? Wenn ich das wüsste! Ich weiß ja eigentlich selten, wie ich eigentlich drauf bin, schon gar nicht, ob es mir vielleicht gerade gut geht. Das ist ja das Problem. Nur wenn ich eine Scheiß-Wut habe, dann weiß ich: Mir geht es beschissen! Eigentlich bin ich wie eine Marionette oder besser meine Stimmungen sind Marionetten, deren Fäden irgendwer, nur nicht ich, in der Hand hält. Und meist bin ich meinen Stimmungen ausgeliefert – ich stell' mir mein Ich dann vor wie ein Kartenhaus, das durch Launen zum Einsturz gebracht werden kann. Und wenn mir das so richtig klar wird, schieb ich einen voll auf Depri.

Tja, also Depressionen und so weiter habe ich also auch. Deshalb soll ich ja die Tabletten nehmen. Aber wenn das Leben scheiße ist, helfen auch keine Tabletten.

Und Angst, Panik und dieser Scheiß? In der Uni war das so – am meisten habe ich die Abende gehasst. Entweder war ich unterwegs: Ich habe dann immer einen oder eine getroffen, die mit mir durchgemacht haben oder die mich mit zu sich genommen haben. Oder ich hab mir Leute eingeladen – bin inzwischen die Weltmeisterin im spanisch Kochen und Caipis-Mischen. – Nur nicht allein in der Bude!

Und Selbstverletzungen – na ja, was soll ich dazu sagen? Ja, ich schneide mich, ja, ich schlage meinen Kopf an die Wand etc., aber ich mag den Ausdruck Selbstbeschädigung nicht. In dem Moment wo ich das tue, tue ich was für mich und zwar was Gutes! Ich empfinde Genugtuung. – Wie ich gerade auf dieses Wort komme, ist mir selbst schleierhaft.

Und: Eigentlich vergeht kein Tag, an dem ich nicht an Selbstmord denke. Nicht, dass ich es heute oder morgen tun würde. Da ist nur das Gefühl: Wenn's zu schlimm ist, mach' ich einfach Schluss. Die Tabletten liegen im Bad. Ich sehe sie jeden Morgen und jeden Abend beim Zähneputzen und das beruhigt mich irgendwie.

Nun ja, bin ich das? Mein Gejammere und das der anderen Borderliner geht mir auf den Nerv. Eigentlich bin ich super gut drauf, zumindest gerade: Ich habe seit zwei Tagen nichts gegessen, fühl mich so leicht und unbeschwert! ◄

Abgrenzung und Begriffe

Die Borderline-Störung hat viele Gesichter. Um ihr näher zu kommen, erscheint es deshalb zunächst einfacher, sie von Unzutreffendem abzugrenzen. Beginnen wir daher mit dem, was eine Borderline-Störung *nicht* ist.

Die häufigsten Irrtümer zur Borderline-Störung

- Alle Borderliner sind gleich, sie empfinden dasselbe und verhalten sich auf dieselbe Weise.
- Die Störung ist chronisch – einmal Borderline, immer Borderline. Eine Besserung des aktuellen Zustandes ist eigentlich nicht möglich.
- Borderline-Störungen entstehen *immer* durch sexuellen, körperlichen oder emotionalen Missbrauch in der Kindheit. Wer sich an kein Trauma in der Kindheit erinnern kann, braucht Psychotherapie, um das Trauma ins Gedächtnis zurückzurufen und um dann über den wiederbelebten Schmerz die Störung »aufzulösen«.
- Die Borderline-Störung gibt es gar nicht: Betroffene sind schlecht angepasste, schwer zu beeinflussende Menschen, die mit ihrem Verhalten andere nur kontrollieren oder manipulieren wollen.
- Es macht keinen Sinn, mit Betroffenen über ihr Denken und Verhalten gemeinsam nachzudenken und zu sprechen.
- Wenn Partner und Familien sich nur anders verhalten würden, wäre das ganze Problem gelöst. Die Ursache liegt eigentlich nur in der Familie.

- Medikamente machen Betroffene nur abhängig und sind bei dieser Störung nicht hilfreich.
- Medikamente heilen die Störung.
- Borderliner brauchen keine Psychotherapie; sie schadet mehr als sie nützt. Man muss nur einen richtigen Arzt und die richtigen Medikamente finden.
- Das richtige Medikament wird allen Betroffenen gleich gut helfen.
- Borderline-Patienten unterscheiden sich nicht von anderen Patienten mit chronischen psychischen Störungen: Sie brauchen Rehabilitation und sind zu komplexeren Tätigkeiten nicht mehr in der Lage.
- Borderline-Patienten haben mehrere Persönlichkeiten und können für ihr Handeln nicht verantwortlich gemacht werden.
- Alle Menschen, die sich selbst verletzen, sind Borderliner.
- Selbstverletzende Handlungen sind eigentlich immer Suizidversuche.

Was also ist eine Borderline-Störung?

Schon die »Irrtümer« zeigen es: Die *eine* Borderline-Störung mit *den* typischen Symptomen und der *einen* Behandlungsmöglichkeit gibt es nicht. Aufgrund dieser Vielfalt der Symptome und Beschwerden und ihren unterschiedlichen Erscheinungsformen wird sie wie kaum eine andere psychische Störung kontrovers diskutiert.

Die **eine** Border-line-Störung gibt es nicht

Die Schwierigkeit beginnt schon beim Begriff: In der aktuellen Literatur zum Thema finden sich »Borderline-Störung«, »Borderline-Persönlichkeitsstörung«, »Borderline-Persönlichkeitsorganisation«, »emotional instabile Persönlichkeit vom Borderline-Typus« usw.

Oft werden diese Begriffe wie Synonyme verwendet, was dem Problem und den Betroffenen nicht gerecht wird. Unterschieden werden müssen mindestens drei Begriffe nit unterschiedlichen Bedeutungsebenen:

- Das **Borderline-Syndrom** bezieht sich auf die typischen Krankheitszeichen, die typischen Symptome, die regelhaft in Verbindung miteinander auftreten, also ein »Syndrom« bilden.
- Der Begriff **Borderline-Persönlichkeit oder Borderline-Persönlichkeitsorganisation** beschreibt die gleichbleibende, innere Struktur eines Individuums und meint nicht notwendig gleich eine Störung oder Krankheit.

- Der **Borderline-Zustand** bezeichnet eine Krankheitsepisode, während der ein Betroffener mit einer Borderline-Persönlichkeit die für ihn typischen Symptome entwickelt. Dieser wird ausgelöst durch äußere oder innere Belastungen die der Betroffene nicht mehr ausgleichen, nicht mehr »kompensieren« kann.

Das heißt: Die Spannbreite der Borderline-Störung reicht von einer Persönlichkeitsstruktur bis hin zur deutlich sichtbaren Krankheitsphase mit all den Symptomen, unter denen Borderliner leiden können.

Das Borderline-Syndrom: Wie sich die Borderline-Störung äußert

▶ Das Schlimmste ist, dass ich eigentlich nicht weiß, wer oder was ich bin. Wenn mich jemand fragt, wie es mir geht, bin ich einfach überfordert. Ich habe in den letzten Wochen mein Gefühl für mich verloren. Ich habe Angst vor jedem Tag, die größte Angst hab ich vor mir selbst, dass ich wieder auf dumme Gedanken komme, dass die Hexe in mir wieder die Oberhand gewinnt, die Hexe, die alles kaputt macht. Wenn die Hexe auf die Bühne tritt, bin ich nicht zu bremsen. Ich kann dann so gemein sein, ich mach dann alle fertig und danach bin ich fertig. Dann kommt die Angst!!! Wenn mein Freund dann nicht da ist, dann gewinnt die Hexe, die mich fertig machen will. ◀

Klassifikationssysteme

Heute sind es vor allem zwei medizinisch-psychiatrische Klassifikationssysteme, nach denen psychische Störungen, also nicht nur die Borderline-Störung diagnostiziert werden. »Diagnostisches and statistisches Manual psychischer Störungen« der American Psychiatric Association (APA) heißt eines und wird kurz als »DSM« oder nach der aktuellen vierten Auflage als **»DSM-IV«** bezeichnet. Die »Internationale statistische Klassifikation der Krankheiten und verwandter Gesundheitsprobleme« der Weltgesundheitsorganisation (WHO), kurz **»ICD-10«**, beschreibt in Kapitel V ebenfalls »Psychische und Verhaltensstörungen«. Nach den Vorgaben dieser Klassifikationen stellen Ärzte, Psychiater und Psychotherapeuten ihre Diagnosen.

Wem oder wozu dienen medizinische Klassifikationen?

Die Absicht dieser international gültigen diagnostischen Systeme ist es, trotz der babylonischen Sprachverwirrung, die gerade angesichts psychischer Störungen herrscht, Ärzten, Statistikern und Epidemiologen weltweit eine gemeinsame Sprache anzubieten. Nur so ist eine Verständigung über bestimmte Krankheitsbilder und damit auch über ihre Therapie möglich. Nur wenn sichergestellt ist, dass überall dieselbe »Sprache« gesprochen wird, ist auch international eine hohe Verbindlichkeit psychiatrischer Diagnosen herzustellen. Nur dann kann auch gemeinsam geforscht werden mit dem Ziel, sowohl über die Entwicklung, den Verlauf und die Verbreitung von bestimmten Krankheiten immer besser Bescheid zu wissen als auch den Erfolg von einzelnen Therapiemethoden besser beurteilen zu können.

In diesen beiden genannten Klassifikationssystemen findet sich für jede psychische Störung eine Auflistung ihrer wesentlichen Symptome, die für sich genommen erst einmal nur Verdachtsmomente darstellen. Treten sie jedoch gehäuft auf und sind sie nicht nur für kurze Zeit zu beobachten, so müssen sie als Hinweis auf die jeweilige Störung begriffen werden. Sie werden dann zu »Merkmalen«, die zusammengenommen eine Diagnosestellung ermöglichen. Das heißt also: Viele der genannten Symptome treten hin und wieder bei relativ gesunden Menschen auf. Sie müssen zudem nicht unbedingt immer zu Beeinträchtigungen führen. Erst die Häufung und die Dauer macht sie zu Merkmalen einer Störung, die dann als solche diagnostiziert werden muss.

Erst die Häufung und die Dauer einzelner Symptome machen sie zu Merkmalen einer Störung.

Die diagnostischen Kriterien nach DSM-IV – und wie Betroffene sie schildern

Im DSM-IV sind einzelne Kriterien in Form einer Liste aufgeführt. Die Diagnose einer Borderline-Störung ist nach DSM-IV dann zu stellen, wenn wenigstens fünf der folgenden neun Beschreibungen als »überdauernde« (seit langem und meistens vorhandene) Verhaltensweisen charakterisiert werden können.

Mindestens fünf der folgenden Kriterien nach DSM-IV müssen überdauernd erfüllt sein.

Um die Kriterien zu veranschaulichen, stellen wir jeweils eine Aussage eines Betroffenen an den Anfang, die sehr unmittelbar das innere Erleben schildert. Nach einer Erläuterung folgt das DSM-Kriterium im Wortlaut.

▶ Ich habe nur beste Freunde, ich weiß von einer Sekunde auf die andere, wer mir wirklich nah und seelenverwandt ist, und den oder die will ich dann auch ganz für mich haben. Vielleicht ist das der Grund, warum meine Beziehungen immer nur so kurz halten. Scheiße ist bloß, dass es immer mit Krawall auseinander gehen muss. Aber wenn bei mir etwas vorbei ist, dann ist es definitiv vorbei, lieber ein Ende mit Schrecken ... ◀

Menschen mit einer Borderline-Störung können nicht allein sein (siehe Kriterium 8). Sie brauchen andere. Deshalb gehen sie sehr schnell sehr intensive Beziehungen ein. Diese sind jedoch oft von nur kurzer Dauer und verlaufen nach ähnlichem Muster: Der Partner, die Partnerin, der Freund, die Freundin, anfänglich mit himmelhoch jauchzender Begeisterung zum Retter, Helden, einzig Wahren gemacht, wird plötzlich nur noch als bösartig, verletzend, vernachlässigend, aggressiv bis grausam erlebt. Die psychoanalytische Theorie spricht von Idealisierung und Entwertung. Anlässe sind oft Kleinigkeiten, ein gereiztes Wort, eine Zurückweisung oder ein Streit um nichts.

Kriterium nach DSM-IV:

(1) Ein Muster von instabilen, aber intensiven zwischenmenschlichen Beziehungen, das sich durch einen Wechsel zwischen den beiden Extremen der Überidealisierung und Abwertung auszeichnet.

▶ Bei mir ist alles intensiv. Wenn ich Auto fahre, dann richtig. Andere sind mir dann eigentlich egal. Beim Essen ist es ähnlich: wenn ich diese Gier empfinde, dann schlinge ich alles in mich hinein – egal was es ist – wenn es sein muss, bis ich kotze. ◀

Menschen mit einer Borderline-Störung sind impulsiv. Diese Impulsivität lässt sie in vielen Bereichen heftiger reagieren als andere Menschen in vergleichbaren Situationen. Gleichzeitig fällt es ihnen schwer, ihre Impulse zu kontrollieren. Besonders problematisch ist dies bei Impulsen, die die eigene Person, das Selbst schädigen. Dazu gehören sowohl Schädigungen des Körpers, als auch solche auf sozialer und emotionaler Ebene. Die Selbstschädigungen sind oft jedoch nicht allein als zufällige Folgen der mangelnden Impulskontrolle zu sehen. Sie sind beabsichtigt und dienen der Wiederherstellung eines wie auch immer gearteten psychischen Gleichgewichts; dadurch helfen sie Betroffenen, den Kontakt zur Realität wieder herzustellen. (siehe Kriterium 9)

Kriterium nach DSM-IV:

> (2) Impulsivität bei mindestens zwei potenziell selbstschädigenden Aktivitäten, z.B. Geld ausgeben, Sexualität, Substanzmissbrauch, Ladendiebstahl, rücksichtsloses Fahren und Fressanfälle (suizidale Handlungen fallen nicht darunter).

▶ Bei mir geht's immer auf und ab, ich habe mich schon daran gewöhnt. Wenn's mir mal wirklich gut geht, dann weiß ich, dass ich schon eine Minute später wirklich unendlich traurig sein kann, ohne zu wissen warum. Auch die Angst überfällt mich aus heiterem Himmel. Das ist ein ewiges Hin und Her und Auf und Ab mit der Stimmung. ◀

Menschen mit einer Borderline-Störung erleben sehr intensive und extreme Gefühle, die abrupt in ihr Gegenteil umschlagen können. Dazu gehören positive Gefühlszustände (Liebe, Freude, Begeisterung) ebenso wie negative (Trauer, Zorn, Angst, Schuld, Scham). Borderliner sind folglich stark ausschlagenden, plötzlich eintretenden Stimmungsschwankungen ausgeliefert.

Kriterium nach DSM-IV:

> (3) Instabilität im affektiven Bereich, z.B. ausgeprägte Stimmungsände-
> rungen von der Grundstimmung zu Depression, Reizbarkeit oder Angst,
> wobei diese Zustände gewöhnlich einige Stunden oder, in seltenen
> Fällen, länger als einige Tage andauern.

▶ Genauso ist es mit dieser Sauwut: Gnade dem, der da in meiner Nähe ist.
Einmal habe ich mich mit drei Polizisten angelegt, denen ich den Stinkefin-
ger gezeigt habe. Als sie dann was wollten, habe ich sofort los geschrien.
Nun ja, manche Ausdrücke hätte ich vielleicht doch lieber nicht sagen
sollen. Jedenfalls mit der Anzeige danach war das ganz schön kompliziert.
Ob es mir wenigstens leid tue, fragte der Richter. Was hätte ich dem denn
sagen sollen? ◀

Die hohe Impulsivität und die mangelnde Fähigkeit, sie zu kontrollieren, zeigt sich vor allem im Umgang mit Wut. Die Folge sind häufige
unangemessene Wutanfälle, die zu ständigen Konflikten mit anderen
und heftigem Streit bis hin zu aggressiven Handlungen führen.

Kriterium nach DSM-IV:

> (4) Übermäßig starke Wut oder die Unfähigkeit, Wut zu kontrollieren,
> wie häufige Wutausbrüche, andauernde Wut oder häufige Prügeleien.

▶ Und da soll ich noch gut drauf sein? Ist doch logisch, wenn ich auf den Mist
keine Lust mehr habe, ist doch eh alles sinnlos. Wer nicht versteht, dass
mein Leben sinnlos und vertan ist, der versteht von mir sowieso nichts. ◀

Suiziddrohungen oder -versuche geschehen häufig nach realen oder
auch nur befürchteten oder eingebildeten Zurückweisungen oder
wenn der Verlust einer stabilisierenden Person droht. Sie werden angesichts des starken inneren Drucks häufig als entlastend erlebt. Auch
Selbstverletzungen ohne jegliche Selbsttötungsabsicht geschehen oft
in diesem Zusammenhang.

Kriterium nach DSM-IV:

(5) Wiederholte Suiziddrohungen, -andeutungen oder -versuche oder andere selbstverstümmelnde Verhaltensweisen.

▶ Wer ich bin? Ich fühle mich wie eine Maske, hinter der aber nichts – in Worten: NICHTS – ist. Wenn andere sagen: »Das ist typisch für dich«, kann ich nur lachen. Was soll den typisch für mich sein? Typisch ist, dass nichts typisch für mich ist. Ich kann alles sein – oder eben gar nichts! ◀

Menschen mit einer Borderline-Störung wissen nicht, »wer sie sind«. Sie haben kein umschriebenes Bild von sich selbst oder erleben sich heute ganz anders als gestern und möglicherweise morgen. Diese Unsicherheit die eigene Identität betreffend umfasst ihr ganzes Selbst, ihr Fühlen, Denken und Empfinden. Viele Borderliner sind sich auch nicht sicher in Bezug auf ihre sexuelle Orientierung, sie schwanken zwischen Hetero- und Homosexualität.

Kriterium nach DSM-IV:

(6) Ausgeprägte und andauernde Identitätsstörung, die sich in Form von Unsicherheit in mindestens zwei der folgenden Lebensbereiche manifestiert: dem Selbstbild, der sexuellen Orientierung, den langfristigen Zielen oder Berufswünschen, in der Art der Freunde oder Partner oder in den persönlichen Wertvorstellungen.

▶ Aber soll ich mich wirklich aufraffen? Da ist dieses dumpfe, öde Gefühl, wie früher am Sonntag nachmittags auf dem Dorf, wo klar ist, dass sowieso nichts passiert, was mich aus diesem Gefühl erlösen kann. ◀

Menschen mit einer Borderline-Störung klagen über eine innere Leere, Langeweile und Sinnlosigkeit. Diese Gefühle der Leere und Langeweile können sie überfallen in Situationen, die sie eben noch ausfüllten, die sie genießen konnten. Sie »drehen ab«, weil die innere Leere auch die bislang angenehme Situation erfasst. Die Unfähigkeit allein zu sein (siehe Kriterium 8) hängt stark mit diesem Gefühl der inneren Leere zusammen. Nur andere scheinen sie ausfüllen zu können.

Kriterium nach DSM-IV:

> (7) Chronisches Gefühl der Leere oder Langeweile.

▶ Und genau wie damals ertrage ich die Einsamkeit nicht, ich werde wahnsinnig, wenn ich allein sein muss, wie früher, wenn ich aufs Zimmer geschickt wurde. Ich kriege die Panik. Was ich schon alles unternommen habe, um nicht allein zu sein. Ich habe schon die ekligsten Typen mitgenommen, nur damit mir das nicht passiert. ◀

Menschen mit einer Borderline-Störung können nicht allein sein und erleben deshalb in allen Beziehungen große Angst verlassen zu werden. Diese Angst kann ausgelöst werden durch nichtige Anlässe, zum Beispiel einen verspäteten Anruf, die Absage einer Verabredung oder einen Streit um Kleinigkeiten. Die Wut, die sie in einer solchen Situation erleben, ist mit der Angst vor dem Verlassenwerden verbunden. Für die Partner bleibt dies oft völlig unverständlich, da diese Angst ja durch einen für sie meist vollkommen unbedeutenden Anlass ausgelöst wird. Vor diesem Hintergrund ist auch die Selbstentwertung zu verstehen, die dann häufig eintritt, Denn die Gefahr, verlassen zu werden, droht vermeintlich nur dem, der nicht liebenswert oder gar lebenswert ist.

Kriterium nach DSM-IV:

> (8) Verzweifeltes Bemühen, ein reales oder imaginäres Alleinsein zu verhindern (Unfähigkeit, allein zu sein).

▶ Wenn ich dann gemerkt habe, mit wem ich mich da mal wieder eingelassen habe, bin ich erst einmal weggetreten. Es war immer so, ich habe keine Erinnerung daran, was wirklich passiert ist, irgendwie habe ich immer Glück gehabt, oft habe ich mich dann tagelang eingeschlossen, das Telefon ausgestöpselt und mich unter der Bettdecke verkrochen. Ich hatte panische Angst, dass er mir auf der Straße auflauert, manchmal war ich auch überzeugt, dass es auf dem Weg zur Uni geschehen wird. Komischerweise konnte ich dann in meiner Wohnung allein sein. ◀

In Belastungssituationen kann das Zutrauen in die Welt und in die eigene Person vorübergehend völlig verloren gehen. Alles wird böse, verfolgend, die eigene Person scheint sich aufzulösen, der eigene Körper kann nicht mehr gespürt werden, die Umgebung verliert ihre Bedeutung, ihre Realität. Anzeichen sind zum Beispiel verzerrte Wahrnehmungen, die alles kleiner oder größer oder sehr weit entfernt erscheinen lassen. Solche Zustände haben lange dazu geführt, die Borderline-Störung in der Nähe der Schizophrenie anzusiedeln. Sie unterscheiden sich aber durchaus von der Kombination der Symptome, die bei der Schizophrenie anzutreffen sind. So sind beispielsweise akustische Halluzinationen in Form von äußerlich wahrgenommenen Stimmen, die Kommentare oder Befehle abgeben, bei Borderline-Patienten sehr selten. Borderline-Patienten erhalten sich viel häufiger als schizophrene Patienten noch eine Realitätskontrolle, wenn sie kurzfristig unter Halluzinationen leiden: Sie wissen durchaus, dass das, was sie gerade wahrnehmen, »eigentlich nicht sein kann«.

Kriterium nach DSM-IV:

> (9) Vorübergehende, durch Belastungen ausgelöste paranoide (wahnhafte) Vorstellungen oder schwere dissoziative Symptome (etwa Bewusstseinsstörungen, nicht organisch bedingte Lähmungen oder Ähnliches).

Die Borderline-Störung nach ICD-10

Wolfgang

▶ Was ich am wenigsten an mir leiden kann, sind meine Stimmungsschwankungen. Ich selbst kann mich nicht auf mich verlassen, kann nicht mit mir rechnen. Zum Beispiel kann ich ganz gut gelaunt nach Hause kommen, will meiner Freundin was erzählen, und sie hört nicht zu. Da raste ich aus! Entweder ich brülle, mache sie fertig oder ich geh' gleich wieder und muss erst einmal Frust ablassen. Nachher tut's mir leid – ich hab' doch gesehen, dass sie gerade den Braten aus dem Backofen geholt hat und sich darauf konzentrieren musste!

Oder ich gehe einkaufen und einer drängelt sich vor oder die Verkäuferin an der Fleischtheke beachtet mich nicht gleich, dann fühle ich mich wie damals, als meine Mutter immer nur die anderen Geschwister angeguckt hat, ich war immer irgendwie Luft für sie. – Also, entweder werde ich wütend und mache jeden an, der mir in die Quere kommt, oder ich muss raus aus dem Geschäft und der Tag ist gelaufen. ◄

Im ICD-10 wird die Borderline-Störung festgelegt als eine »emotional instabile Persönlichkeitsstörung« mit zwei Unterformen, dem impulsiven Typus und dem Borderline-Typus.

- Menschen, auf die die ICD-10-Diagnose einer emotional instabilen Persönlichkeitsstörung zutrifft, leiden unter starken Stimmungsschwankungen, d.h. die Betroffenen und ihr Verhalten sind von abrupt wechselnden Stimmungen und Gefühlszuständen geprägt.

- Impulsivität als diagnostisches Kriterium charakterisiert beide Untertypen. Diese zeigt sich zum Beispiel auch in der typischen Planlosigkeit und Unberechenbarkeit von Borderlinern. Menschen mit dieser Störung haben, so beschreibt es das ICD-10, eine deutliche Tendenz, impulsiv zu handeln, d.h. ohne mögliche Folgen und Konsequenzen zu berücksichtigen. Beim Ausbruch großen Ärgers und starker Wut muss als Folge der Impulsivität auch mit aggressiven Handlungen gegen andere oder gegen die eigene Person gerechnet werden.

Beiden Typen gemeinsam ist also eine mangelnde Impulskontrolle, nach ICD-10 steht diese jedoch beim impulsiven Typ im Vordergrund.

Menschen, auf die die Diagnose einer emotional instabilen Persönlichkeit vom Borderline-Typus zutrifft, beklagen zudem eine Unsicherheit, die eigene Identität betreffend. Das Bild, das sie von sich selbst haben, ist gestört. Sie sind unsicher darüber, was zu ihnen gehört, was ihre Identität ausmacht. Diese Unsicherheit betrifft häufig auch ihre sexuelle Orientierung. Das ICD-10 nennt dies dann eine Störung des eigenen Selbstbilds. Betroffenen fällt es schwer, ihr Leben zielgerichtet und den eigenen Möglichkeiten und Bedürfnissen entsprechend zu planen. Zu dieser Ziellosigkeit kommt oft ein chronisches Gefühl der inneren Leere, unbestimmter Angst und Traurigkeit. Als weiteres Kriterium nennt das ICD-10 »die Neigung zu intensiven aber unbeständigen Beziehungen« mit übermäßigen Anstrengungen nicht verlassen zu

Emotionale Instabilität, Impulsivität und Unsicherheit über die eigene Identität sind Hauptmerkmale der Borderline-Störung.

werden, was oft zu emotionalen Krisen führt. Vor allem in solchen Krisensituationen – treten Suiziddrohungen und selbstschädigende Handlungen auf.

Was die Diagnose einer Borderline-Störung so schwierig macht

Den Patienten oder die Patientin mit *der* Borderline-Störung gibt es nicht. Der Störung eigentümlich ist ja gerade »das Muster der Instabilität in vielen Bereichen einschließlich des zwischenmenschlichen Verhaltens, der Stimmung und des Selbstbildes. Kein einzelnes Merkmal ist immer vorhanden.« (DSM-IV). Das heißt: Die »Merkmale« und Diagnosekriterien, wie sie in der Symptomliste nach DSM-IV oder der Beschreibung nach ICD-10 wiedergegeben werden, können immer nur einen Teil dieser seelischen Störung erfassen.

Zusammenfassung

Die Borderline-Störung ist gekennzeichnet durch emotionale Instabilität, starke Impulsivität und Unsicherheit über die eigene Identität, durch intensive, aber unbeständige Beziehungen, und ein chronisches Gefühl von Leere. Eine Neigung zu selbstdestruktivem Verhalten, Suizidalität oder vorübergehende wahnhafte Vorstellungen können dazukommen. Nicht alle Merkmale müssen vorliegen. Erst eine Häufung vieler dieser Symptome und ihr Andauern machen sie zu Merkmalen einer Borderline-Störung.

Die Borderline-Persönlichkeit

Menschen unterscheiden sich durch die ganz individuelle Art und Weise, wie sie sich und andere sehen, dadurch, wie sie sich verhalten, wie sie ihre Beziehungen zu anderen gestalten, welche Launen, Stimmungen, Gefühle und Affekte in ihrem Leben vorherrschen und wie sie mit diesen umgehen können. So ist der eine beispielsweise im persönlichen Kontakt offen und kann auf andere Menschen zugehen. Man bezeichnet dies als extrovertiert. Der andere dagegen neigt zu Verschlossenheit, ist wenig gesprächsbereit und lebt mehr in seiner eigenen inneren Welt. In diesem Fall spricht man von introvertiert.

Persönlichkeitsmerkmale sind sehr wenig veränderbar. Sie machen den Charakter, die Persönlichkeit eines Menschen aus. Zu diesen Persönlichkeitsmerkmalen gehören zum Beispiel auch die Fähigkeit zur Selbstkontrolle, Selbsteinschätzung und Bedürfnisregulierung, aber auch die Art und Weise Realität wahrzunehmen, sich der Umwelt anzupassen oder mit anderen Menschen umzugehen, usw.

 Wie wir im vorigen Abschnitt gesehen haben, zählt die Borderline-Störung zu den Persönlichkeitsstörungen.

Menschen, die an einer Borderline-Störung leiden, gehen also nicht in den beschriebenen Symptomen auf. Ihnen ist vielmehr als Folge einer tiefgreifenden Entwicklungsstörung eine ganz typische dem Syndrom zugrunde liegende Persönlichkeitsstruktur eigen. Betroffene müssen also nicht mehr mit dem Stigma eines »schlechten Charakters« leben.

Die innere Welt der Borderline-Persönlichkeit

Wir wollen versuchen, diese zugrunde liegende Struktur und ihre Mechanismen näher zu beschreiben.

Die Borderline-Persönlichkeitsorganisation

Wegweisend für das Wissen um die Borderline-Persönlichkeit waren die Arbeiten des amerikanischen Psychoanalytikers O. F. Kernberg. Er prägte den Begriff der Borderline-Persönlichkeitsorganisation. Mit diesem bezeichnete er eine »strukturelle Ich-Störung«, die das gesamte psychische Erleben und Handeln beeinträchtigt. Den Kern dieser Ich-Störung bildet eine so genannte Ich-Schwäche, also eine Schwäche der psychischen Instanz, die die Beziehung eines Menschen sowohl nach innen, also zu seinen Trieben und Affekten als auch nach außen, also zu der ihn umgebenden Realität, regelt. Diese Schwäche des Ich macht es Menschen mit einer Borderline-Persönlichkeitsorganisation zum Beispiel so schwer, ihrer Angst und Wut Herr zu werden oder auch die Realität richtig einzuschätzen. Kernberg beschreibt sie als unfähig, rundherum genuss- und leistungsfähig zu sein.

Die Folgen dieser Ich-Schwäche reichen aber noch weiter.

Ambivalenz

Jeder Mensch kennt »negative« Gefühle und Affekte wie zum Beispiel Schmerz, Angst, Wut, Enttäuschung, Hilflosigkeit, Hass und Einsamkeit. Jeder Mensch erfährt auch immer wieder »Negatives« durch andere, erlebt sie also in diesem Fall als enttäuschend, aggressiv, gemein, bedrohlich, kurz schädigend, was in ihm wiederum obige negative Gefühle und Affekte auslöst. Weder das eine noch das andere beeinträchtigt ihn jedoch soweit, dass er nicht mehr in der Lage ist, sich an ganz andere eigene, positive Gefühlszustände zu erinnern und auch genau zu wissen, dass der andere, der gerade gemein, aggressiv, vernachlässigend ist, sicher andere Eigenschaften hat, die man vor kurzem noch an ihm schätzte. Diese Fähigkeit nennen Experten die Fähigkeit zur Ambivalenz. Sie ermöglicht es uns erst, verschiedene Gefühlszustände oder Verhaltensweisen gleichzeitig als zwei Seiten desselben einen Menschen erleben und ihm zuordnen zu können. Dies ist Borderlinern in der Regel nicht möglich. Ihnen fehlt die letztlich unantastbare Gewissheit, dass in ein und demselben Menschen sowohl gute, weniger gute, neutrale wie auch böse Anteile vorhanden sind, und dass erst die Gesamtheit aller dieser Anteile die eine ganze Person ausmachen. Anstatt sich und die anderen als sowohl »gut« als auch »böse« erleben zu können, ist ihre innere Welt und damit auch die äußere in »total gut« und »total böse« in Schwarz und Weiß »gespalten« und beide Seiten werden nur getrennt voneinander erlebt. Dies ist auch Grundlage für die bei Borderlinern zu beobachtende Schwierigkeit, sich immer als ganze mit sich selbst identische Person zu erleben.

Das Ich und die Abwehr

Das wohl folgenschwerste Merkmal der Ich-Schwäche sind nach Kernberg jedoch das Fehlen gesunder, »reifer« Abwehrmechanismen und damit auch die oben genannte Unfähigkeit zur Ambivalenz. Mit Abwehr beschreibt die Psychoanalyse die Fähigkeit des Menschen, bedrohliche, nicht mit dem Ich vereinbare Vorstellungen und Gefühle vom bewussten Erleben fernzuhalten. Dafür bedient er sich ganz unterschiedlicher Tricks, verschiedener Abwehrmechanismen, die eingesetzt werden, um zum Beispiel Angst und Wut, aber auch nicht erlaubte Liebe oder Lust erst gar nicht bewusst werden zu lassen. Solche Abwehrmechanismen sind jedem Menschen eigen und für die psychische Ausgeglichenheit und damit auch für das Zusammenleben mit anderen absolut notwendig. Welche Mechanismen man nun »wählt«, um abzuwehren, ist höchst unterschiedlich. Weit verbreitet sind die Methoden der Rationalisierung, Verdrängung, Leugnung oder Sublimierung, die inzwischen ja in den allgemeinen Sprachgebrauch eingegangen sind.

Jeder Mensch braucht Abwehrmechanismen

Ein alltägliches Beispiel aus einer Beziehung: Der Mann kommt schlecht gelaunt nach Hause und lässt diese Laune an seiner Partnerin aus. Ihren eigenen Ärger darüber »rationalisiert« diese mit »schlechter Laune« wegen Kopfschmerzen, um nicht auf ihn wütend zu werden, was ihr den Abend verdorben hätte. Vielleicht macht sie ihrem aufsteigenden Ärger auch Luft, indem sie ein Schnitzel weich klopft und »sublimiert« ihn, indem sie ein leckeres Abendessen zubereitet. Oder sie verdrängt ihn einfach, indem sie den Ärger nicht bemerkt und ihrem Mann wie immer von dem Fußballspiel ihres Sohnes und dem unmöglichen Trainer, der die Kinder immer fertig macht, erzählt – und auch damit den Abend rettet. Auf jeden Fall hat sie sich einen stressfreien Feierabend, die Beziehung und ihre grundlegend positiven Gefühle für den Partner erhalten können.

Jeder Mensch braucht also diese »gesunden« Abwehrmechanismen, um gewissermaßen den Kopf klar, das Ich funktionstüchtig und, wie ihm obigen Fall, Beziehungen lebbar zu halten.

Die Abwehr der Borderliner

Menschen mit einer Borderline-Persönlichkeitsstörung sind solche Formen der Abwehr jedoch nicht möglich. An ihrer Stelle finden sich so genannte archaische Abwehrmechanismen, die die betroffene Person in ihrer Beziehung zur Umwelt aber auch zu sich selbst massiv beeinträchtigen. »Psychoanalytisch« gesprochen: Anstelle der Fähigkeit zur Ambivalenz ist vor allem die »Spaltung« getreten. Sie dient dazu, Gefühle und Affekte, die nicht mit dem gegenwärtigen Gefühls- beziehungsweise Affektzustand zu vereinbaren sind, emotional vollständig »abzuspalten«. Grundsätzlich geht es dabei immer darum, angenehme, lustvolle, positive Gefühle und Affekte von bedrohlichen, schmerzhaften, ängstigenden, die Wut, Hass, Aggression auslösen, zu trennen. Spaltung dient also folgendem Ziel: Die als gut und sicher erlebten Seiten emotional (lebens)wichtiger Personen sollen vor der Wahrnehmung anderer Seiten, die als gefährlich, versagend, ablehnend erlebt werden, gerettet werden.

Im Dienst dieser Spaltung stehen weitere Abwehrmechanismen. In der Begrifflichkeit der Psychoanalyse sind dies weitere »unreife« Abwehrmechanismen: die »Projektion«, die »projektive Identifikation«, die »Verleugnung« und die »Identifikation mit dem Angreifer«.

Greifen wir unser obiges Beziehungs-Beispiel wieder auf: Der Mann kommt aggressiv gereizt nach Hause. Die Frau reagiert nun ihrer Borderline-Persönlichkeitsorganisation entsprechend. Zum Beispiel: Sie sieht in ihm nur noch den ewig gereizten Mann, der sie ständig enttäuscht, ständig heruntermacht und nur noch an ihr herumkritisiert. Sie entwertet ihn also gänzlich und hat völlig »vergessen«, dass er gestern für sie doch noch der rücksichtsvollste, liebevollste Mann, den sie sich je vorstellen konnte, der ideale Partner eben, war. Sie hat also den Abwehrmechanismus der Spaltung eingesetzt.

Oder: Sie ist enttäuscht und verärgert. Um aber ihr positives Selbstbild der liebenden und damit überhaupt liebesfähigen Partnerin (mit dem aufgrund ihres Schwarz-Weiß-Denkens verärgerte, enttäuschte Anteile nicht vereinbar sind) bewahren zu können, projiziert sie diese negativen Gefühle auf den Mann: Sie erlebt ihn nicht nur gereizt, sondern aggressiv, wütend – und hat damit den Abwehrmechanismus der Projektion eingesetzt.

Oder: Sie entledigt sich ihrer wütenden Anteile, indem sie ihn wütend macht. Das gelingt ihr, indem sie nörgelt, kein gutes Haar an ihm lässt etc. – und hat damit den Abwehrmechanismus der projektiven Identifikation eingesetzt.

Oder: Sie fühlt sich selbst zu Recht schlecht behandelt, weil sie ja wertlos und nicht liebenswert ist – sie hat sich also mit dem (vermeintlichen) Angreifer identifiziert.

Jede dieser Reaktionen steht im Dienst der Abwehr und zwar der Abwehr von Wut als Reaktion auf eine vermeintliche Ablehnung, die sie hier spürt aufgrund ihrer allumfassenden Angst vor dem Verlassenwerden.

Das Problem: Missverständnisse, Vorwürfe und Selbstvorwürfe, Streit und Ärger sind vorprogrammiert. Der Abend ist beiden verdorben.

Gerda

▶ »Am Anfang war alles so friedlich, auch in mir. Ich hatte kein Bedürfnis mehr, mich zu schneiden, ich war gelöst und entspannt. Ich dachte, dass es jetzt endlich vorbei sei, dass Mike mich erlöst hat. Auch der Sex mit ihm war ganz anders, zum ersten Mal schön und nicht ekelig. Dann kam dieser Abend, an dem wir eigentlich zu einem Geburtstag eingeladen waren. Ich wollte da nicht hin, alles Freunde von Mike, die immer nur über Bodybuilding reden. Es gab einen heftigen Streit, ich habe plötzlich nur noch Hass gespürt und einen Aschenbecher nach ihm geworfen. Er konnte ausweichen, das schwere Ding hat ihn nur gestreift. Mike war immer noch richtig lieb. Er lenkte ein, wir müssten ja nicht auf diese Feier gehen, meinte er, wir könnten ja auch ins Kino, was wir dann auch machten. In der folgenden Nacht wollte er mit mir schlafen. Ich hatte das Gefühl, seine Nähe unmöglich ertragen zu können, ich konnte ihn im wahrsten Sinne des Wortes nicht mehr riechen, ich spürte einen tiefen Ekel vor ihm, Übelkeit schlich in mir hoch. Trotzdem hatten wir Sex, ich habe nichts gespürt, war ganz weit weg, irgendwo, ich hatte das Gefühl in einzelne kleine Stücke zu zerspringen, dabei schwebte ich über der Situation, sah zu, als betrachtete ich einen Film. Am nächsten Morgen habe ich Mike gesagt, dass er seine Sachen, die er in meiner Wohnung hatte, zusammensuchen und verschwinden solle. Ich wollte ihn nie wieder sehen. Er hat nichts verstanden, wollte in den folgenden Tagen mit mir reden; ich habe das Telefon herausgezogen, keinem geöffnet. Mir war nur schlecht. Ich habe mich übergeben, das tat gut. ◀

Wie die Symptome und die innere Welt der Abwehrmechanismen zusammenhängen

Durch die Kenntnis der typischen Abwehrmechanismen, die Border-linern zur Verfügung stehen, werden die vorhin beschriebenen Symptome verständlich.

Nur ein Beispiel: Dass Menschen mit einer Borderline-Persönlich-keitsstörung zu instabilen, aber intensiven zwischenmenschlichen Beziehungen tendieren, hängt damit zusammen, dass sie beim ersten Gefühl von Sympathie sich sehr schnell bis über beide Ohren verlieben, weil sie nur das Gute sehen wollen und können. Sie idealisieren ihr Gegenüber, »übersehen«, verleugnen negative Seiten ganz, aus Angst auch ihre Sympathie für den betreffenden Menschen zu verlieren. Kleinste nicht ausbleibende »Kratzer« in diesem Idealbild führen jedoch genau dazu: Der Heißgeliebte, Idealisierte, dem sie bedingungslos vertraut haben, zeigt – so erleben sie – plötzlich sein »wahres Gesicht«. Solchermaßen entwertet muss er gehasst und/oder gefürchtet werden. Eine weitere Beziehung ist nicht möglich.

Menschen mit einer Borderline-Störung kann es nicht gelingen, von Menschen, die ihnen wichtig sind, eine konstante innere Vorstellung zu erhalten, die jenseits einer jeweils aktuellen Stimmung relativ sicheren Bestand hat. Ebenso wenig sind sie in der Lage, ihre eigenen Gefühle jenseits einzelner Affekte, die durch aktuelle Anlässe ausgelöst worden sind, als Grundlage einer Beziehung zu bewahren. Aus Liebe wird Hass, aus dem Gefühl gänzlicher Geborgenheit Vernichtungs- und Verlassenheitsangst und aus dem Gefühl, selbst geliebt und liebenswert zu sein, das Gefühl der eigenen Nichtigkeit und Wertlosigkeit.

Tiefgreifende emotionale Krisen sind unausbleiblich. Sie sind gekennzeichnet durch überwältigende Wut und/oder durch die für Borderliner typische Verlassenheitsdepression. Sie können schließlich zu Selbstbeschädigungen, Suiziddrohungen, -andeutungen oder -versuchen führen.

Borderline-Abwehr-mechanismen führen zu Border-line-Symptomen

In unserem Beziehungs-Beispiel: Vielleicht hat die Frau durch ihre überschießende Reaktion nur sich und ihrem Mann den Abend verdorben. Vielleicht aber wurde sie auch so von Wut, Enttäuschung und Angst überwältigt, dass sie Schluss machen oder sich schneiden oder mit körperlicher Aggression reagieren musste …

Unterschiedliche Schweregrade der Symptome

Klaus

▶ Nach meiner Scheidung konnte ich nicht mehr. Ich bin richtig zusammengeklappt. Herz, Kreislauf, alles schien im Eimer. Zuerst war ich auf der Inneren, dann kam ich in die Psychosomatik. Dort wurde mir vorsichtig aber unmissverständlich klar gemacht, worunter ich leide. Nicht mein Körper ist defekt, sondern ich – nun ja, so hat es keiner gesagt. Aber so verstehe ich es jetzt. Angefangen hat es ja schon viel früher. Claudia war meine dritte Partnerin, und immer lief es nach demselben Muster. Irgendwann wollten die nicht mehr. Und ich hing dann ziemlich in der Luft, bin tagelang im Bett geblieben und hab nur fern geschaut und gesoffen.

Ich muss auch ziemlich schrecklich gewesen sein. Entweder sie taten, was ich wollte, oder ich bin ausgerastet. Eigentlich war ich auch im Büro so. Ich glaube, mit mir zu arbeiten, ist kein Zuckerschlecken. Zum Glück war ich immer gut, nun ja, der Beste, da konnte mir keiner. Auf meine Ideen konnte keiner verzichten. Eigentlich lief es im Beruf ja immer super. Und dann der Zusammenbruch. Als Helga mir sagte, dass sie sich trennen wollte, war es mir, als hätte sie mir den Boden unter den Füßen weggerissen. ◀

Wie stark und umfassend die Spaltung und mit ihr die anderen, »archaischen Abwehrmechanismen« eingesetzt werden, ist wohl ausschlaggebend dafür, ob und wie ein Borderliner mit sich und den anderen zurechtkommt und wie sehr sein Leben durch seine Persönlichkeitsstörung beeinträchtigt wird.

Bei manchen Borderlinern reichen die Beeinträchtigungen über vorübergehende Befindlichkeiten nicht hinaus. Sie zeigen vielleicht einzelne »Borderline-Züge«, neigen zu Schwarz-Weiß-Denken, haben Schwierigkeiten mit Nähe und langfristigen Beziehungen, aber auch mit dem Alleinsein. Anderen erscheinen sie als besonders empfindlich, manchmal unberechenbar und kontrollierend. Sie können jedoch sozial gut integriert und angepasst sein, möglicherweise sogar leitende wirtschaftliche und politische Positionen begleiten.

Am anderen Ende der Skala gibt es jedoch auch Menschen, denen die Persönlichkeitsstörung alle Ich-Funktionen beeinträchtigt hat. Sie bekommen nichts »auf die Reihe«, leben in chaotischen Beziehungen und sozialen Verhältnissen, können ihre unerträgliche innere Anspannung, ihre Wut, Angst, aber auch Leere nicht bewältigen. In der Folge beschädigen sie sich selbst in vielfältiger Weise und/oder sind ständig suizidal.

Zusammenfassung

Menschen mit Borderline-Persönlichkeit leiden an einer »Ich -Schwäche«. Es fehlen ihnen die reifen Abwehrmechanismen, die es ermöglichen, widersprüchliche Gefühle in einer Beziehung und im eigenen Erleben zuzulassen und zu integrieren. Statt dessen wehren sie durch unreife Mechanismen wie Spaltung ab. Ihre Welt besteht somit nur aus Schwarz und Weiß. Daher rühren viele der Borderline-Symptome. Die Stärke dieser archaischen Abwehrmechanismen bestimmt auch, wie schwerwiegend der Borderline-Zustand im Einzelfall ist.

Wie lang soll das noch gehen?!
Der Verlauf der Borderline-Störung

Die Frage nach dem Verlauf der Borderline-Störung zu beantworten ist nicht einfach. Dies hängt unter anderem damit zusammen, dass verlässliche diagnostische Kriterien noch nicht lange gelten. Somit gibt es bis heute nur wenige Langzeitstudien, also Studien, die Patienten von der ersten Diagnose an viele Jahre durchgängig und damit einen langen Teil ihres Lebens begleiten. Die Fallzahlen dieser wenigen Studien erreichen auch längst nicht die Höhe wie die von Langzeitstudien etwa zur Depression oder zur Schizophrenie. Die schon vorliegenden wissenschaftlichen Ergebnisse lassen aber doch einen gewissen Trend erkennen: Zwei Langzeitstudien mit einer größeren Zahl von untersuchten Patienten verfolgten den Verlauf der Störung über 15 (und für einzelne Patienten bis zu 20) Jahre. Das Ergebnis: Es gibt je nach Ausprägung der Krankheit und nach ihrem Schweregrad ganz unterschiedliche Verläufe.

Besonders schlecht über die Dauer der Zeit ging es Frauen, die einen realen Inzest erlitten hatten, insbesondere wenn dieser im Alter bis 10 Jahren stattfand und der Täter ein naher Verwandter war. Auch erlittene elterliche Brutalität im Kindesalter zeigte sich als ein erheblicher Belastungsfaktor in Bezug auf den Verlauf der Störung. Bei der Gruppe der Patienten mit schlechterem Verlauf hatten sich drei bis neun Prozent vor Ablauf der Studie das Leben genommen. Dabei wurde deutlich, dass dieses Risiko besonders hoch war, wenn schon sehr früh eine Borderline-Störung diagnostiziert werden musste.

Die Lebensphase mit dem höchsten Risiko liegt für Betroffene am Ende des dritten Lebensjahrzehnts. Ist diese kritische Phase überwunden, ist die Chance außerordentlich hoch, endlich ein unbeschwerteres Leben zu führen. Zwei Drittel aller Betroffenen zeigten am Ende des Beobachtungszeitraumes nur noch minimale Symptome, die auch nicht zwangsläufig einer Borderline-Störung zuzuordnen waren. Dies gilt besonders für Betroffene, die noch über eine gewisse Impulskontrolle verfügten und nicht dauernd Gefühle von Ärger und Wut zeigten. Als unterstützend erwies sich eine gute Selbstdisziplin. Auch Mutterschaft und Ehe zeigten eine solche schützende Wirkung. Aber auch bei den anderen in diesen Langzeitstudien untersuchten Patienten kam es jenseits des dreißigsten Lebensjahres zu einer stetigen Stabilisierung.

Jenseits des dreißigsten Lebensjahres wird es besser.

Zusammenfassung

Ganz allgemein gilt, dass Menschen mit einer Borderline-Störung nach einer besonders kritischen Zeit zwischen Zwanzig und Dreißig gute Chancen haben, ihre Symptome ganz oder weitgehend zu verlieren. Therapeutische Ansätze müssen sich deshalb ganz besonders diesen kritischen Lebensabschnitten zuwenden.

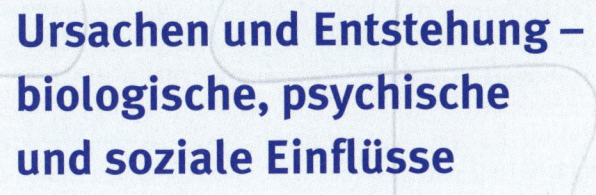

Ursachen und Entstehung – biologische, psychische und soziale Einflüsse

Man ist heute noch weit davon entfernt, die Borderline-Störung in ihrer Entstehung zu verstehen, geschweige denn über ihre Ursachen tatsächlich eindeutige Aussagen machen zu können. Als gesichert gilt: Es gibt wohl selten nur eine Ursache, die zu einer Borderline-Störung führt. Viele Faktoren müssen zusammenkommen. Immer spielen dabei die biologische Veranlagung und die psychosoziale Umwelt eine Rolle.

Die Entwicklung einer Borderline-Persönlichkeitsstörung

► Ich habe meine Tochter gefunden. Mein Mann ist ja gerade auf Messe. Sie hat sich die Arme mit einer Scherbe ihres Taschenspiegels aufgeschnitten. Schrecklich sah das aus! Wir haben dann das Blut weggewischt und den Arm verbunden. Aber das hat nicht aufgehört zu bluten. Deswegen sind wir dann doch ins Krankenhaus gefahren. Ich hab' sie gefragt, warum sie das gemacht hat. Sie hat nur dagesessen. Ich habe gedacht, ich bin schuld, weil ich ihr gestern verboten habe, schon wieder wegzugehen. Da war sie so wütend. Aber sie kann sich doch nicht jeden Abend mit diesem Türken da treffen. Immerhin macht sie demnächst ihr Abi! Sie musste mir dann versprechen, so etwas nie, nie mehr zu tun. Ich habe gesagt: Wenn das das einzige Mal bleibt, bleibt die Geschichte auch unter uns. Was meinen sie, was mein Mann dazu sagen würde. Er hält sie ja sowieso für etwas, nun ja, schwierig. Immer macht sie uns Ärger, sagt er. Na ja, sie war immer schon etwas schwerer zu haben als ihre Brüder, hat viel geweint, schon als Baby. Und ständig krank war sie. Sie war noch nicht in der Schule, da war sie schon vier Mal im Krankenhaus, zuerst wegen einer unerklärlichen Gewichtsabnahme gleich im ersten halben Jahr. Dann hatte sie einen Unfall, war beim Wickeln, weil sie immer so hibbelig war, vom Wickeltisch gefallen und hat sich den Arm gebrochen, dann war es, glaub' ich, der Blinddarm und dann, ach, ich weiß gar nicht mehr, was sie alles hatte! Beim ersten Mal war ich dabei, die drei anderen Male nicht. Ich habe doch noch die zwei Buben, und der kleine war doch erst ein paar Monate. Und dann hat sie im Kindergarten ständig Schwierigkeiten gemacht. Sie wollte nicht allein dableiben, hat nicht mitgespielt, nur rumgesessen und hat immer von den Jungs in der Gruppe Prügel gekriegt. Ich habe sie dann zu Hause gelassen, ging ja nicht anders. In der Schule wurde es dann besser. Da hat sie richtig aufgeholt in allem, war oft Klassenbeste und so weiter, was meinen Mann unheimlich stolz gemacht hat, weil er sich doch von ganz unten hochgearbeitet hat. Erst mit der Pubertät ging es mit ihr wieder bergab, da hat sie sich wieder richtig hängen lassen, konnte dann oft auch nicht in die Schule gehen. Der Kinderarzt hat dann immer Atteste geschrieben. Das hat meinen Mann am meisten aufgeregt. Wo er sich auch immer hat zusammenreißen müssen. Glaubst du, hat er immer zu ihr gesagt, ich habe die Firma mit Nichtstun aufgebaut? Mir hat keiner was geschenkt! Es war für ihn schon schlimm genug, dass es der Große nur auf die Hauptschule geschafft hat. Und dann hat sie auch mit Fressen angefangen. Kaum war der Tisch abgedeckt, ist sie zum Kühlschrank. Und dann wieder Diät! Ein ständiges Auf und Ab. Ganz verrückt hat sie mich damit gemacht. ◀

Persönlichkeitsentwicklung und einflussnehmende Faktoren

Die Persönlichkeit eines Menschen hängt von vielen Faktoren ab. Ein grundlegender Faktor ist die Veranlagung. Sie bildet gewissermaßen die biologische Grundlage jeder weiteren Entwicklung der Persönlichkeit – von der Geburt bis ins Erwachsenenleben. So ist die Persönlichkeit das Ergebnis eines Zusammenspiels von **Veranlagung, sozialen Erfahrungen** und deren **psychischer Verarbeitung**.

Belastende Lebensereignisse und bestimmte konstitutionelle oder biologische Faktoren können nun dazu führen, dass ein Mensch Persönlichkeitsmerkmale herausbildet, die ihn immer wieder mit seiner Umgebung in Schwierigkeiten bringen und ihm eine einigermaßen harmonische Ausgeglichenheit mit sich selbst und mit den Menschen seiner Umgebung verwehren. Man spricht dann von einer Persönlichkeitsstörung.

Spezifische Ursachen, die zwangsläufig zu einer Borderline-Störung führen, sind nicht bekannt.

Persönlichkeitsstörungen sind also die Folge »störender« Einflüsse bei möglicherweise schwierigen Ausgangsbedingungen.

Und um es gleich vorweg zu sagen: Man ist heute immer noch weit davon entfernt, die Borderline-Störung in ihrer Entstehung verstehen und erklären, geschweige denn über ihre Ursachen tatsächlich gesicherte Aussagen machen zu können. Eindeutige Antworten auf die Frage, ob es spezifische »Störungen« gibt, die mehr oder weniger zwangsläufig zu einer Borderline-Störung führen, gibt es bisher nicht, wird es vielleicht auch nie geben. Was heute als gesichert gilt und worüber sich die meisten Experten einig sind, ist die These, dass es wohl selten nur *eine* Ursache gibt, die zu einer Borderline-Störung führt. Viele Faktoren müssen zusammenkommen, bevor ein Mensch Merkmale, Symptome einer Borderline-Störung entwickelt. Immer spielen dabei sowohl die biologische Veranlagung, als auch die psychosoziale Umwelt, die seine Persönlichkeitsentwicklung bis heute geprägt hat, eine Rolle.

Traumata und andere psychische Ursachen

Irmgard

▶ Ja, Kindheit. Da war sie auch schon, die Angst, von Anfang an. Mein Vater hat mich geschlagen, mein Vater hat mich vergewaltigt. Mein Vater hat mich als Hure bezeichnet. Meine Mutter hat mich nie akzeptiert, die hat mich halt gehabt, sie hat auch immer zugesehen, wenn ich geschlagen wurde, und dass überhaupt alle Kinder geschlagen wurden. Sie hat zugesehen und sie hat nie etwas gemacht und das ganz Schlimme war – da war ich schon vierzehn –, da hab ich irgendwann mal meinen Papa vermisst, und dann habe ich durch einen Zufall erfahren, dass er unten im Keller ist, und da habe ich ihn praktisch gefunden und abgeschnitten, und ihm so praktisch auch wieder das Leben gegeben, und das hat mir meine Mutter und meine Schwester nie verziehen. … Aber irgendwo habe ich gemerkt, dass mein Vater eben doch nicht der schlechte Mensch war, und ich hab mich immer mehr mit meinem Vater verstanden, und er hat mir das auch immer zu verstehen gegeben. ◀

Traumata und traumatisierende Erfahrungen

Die auf den ersten Blick schlüssigste Erklärung für die Entstehung einer Borderline-Störung liefert die Annahme eines außergewöhnlichen traumatischen Erlebnisses in der Kindheit oder Jugend. Tatsächlich haben viele Untersuchungen zeigen können, dass ein großer Teil der Patienten, die an einer Borderline-Störung erkrankt sind, in ihrer Kindheit körperliche und/oder seelische Misshandlung und/oder sexuellen Missbrauch erlitten haben. Solche Erfahrungen werden von Borderline-Patienten deutlich häufiger berichtet als etwa von depressiven Patienten. Manchen Studien zufolge haben ein Viertel aller Borderline-Patienten sexuellen Missbrauch durch ein älteres Mitglied der engsten Familie erlitten und ebenso viele einen sexuellen Missbrauch durch Bekannte, entferntere Verwandte oder Nachbarn.

Diese Erkenntnisse führten zu den Fragen, wie eng eine Borderline-Störung mit einer traumatischen Erfahrung verbunden ist und ob sie dadurch selbst nicht mit einer posttraumatischen Belastungsreaktion gleichgesetzt werden kann.

Die Borderline-Störung – eine posttraumatische Belastungsreaktion (PTBS)?

Rund ein Viertel der Menschen, die ein außergewöhnlich bedrohliches psychisches Trauma erleben mussten (zum Beispiel eine Vergewaltigung, wiederholte Gewalterfahrung), entwickeln eine so genannte posttraumatische Belastungsstörung (PTBS). Sie kann unmittelbar nach dem Trauma oder erst mit wochen- bis monatelanger Verzögerung einsetzen.

Deren Symptome sind:
- innere Unruhe, mangelnde Belastbarkeit, Schreckhaftigkeit und Schlafstörungen.
- Außerdem erleben die Betroffenen so genannte Flashbacks (Nachhallerlebnisse), d. h. belastende Erinnerungsbilder, Albträume oder ein Durchleben der traumatisierenden Situation. Dabei treten die Betroffenen auch aus der Wirklichkeit heraus, sie »dissoziieren«. Diese Flashbacks werden oft begleitet von heftigen Reaktionen des vegetativen Nervensystems wie Blutdruckveränderungen, erhöhtem Puls oder Schwitzen.
- Situationen, Orte und Menschen, die Erinnerungen an das belastende Ereignis auslösen könnten, werden gemieden.

Viele Untersuchungen zeigen nun, dass bis zu 50 Prozent der Borderline-Patienten auch die diagnostischen Kriterien für eine posttraumatische Belastungsstörung erfüllen. Sie leiden also an denselben Symptomen wie Menschen, die gerade oder vor ein paar Monaten ein Trauma erlitten haben. Ein Merkmal wäre zum Beispiel die oben erwähnte Dissoziation, also eine Einschränkung des Bewusstseins, bei der der Betroffene entrückt und nicht ansprechbar ist. Dies tritt auch bei Borderline-Patienten auf. Möglicherweise dient auch dem Borderliner dieses Wegtreten dazu, etwa sich aufdrängende Nachhallerinnerungen an ein schon lange zurückliegendes Trauma abzuwehren.

> Viele Borderliner leiden unter denselben Symptomen wie Menschen mit einer PTBS.

Aber nicht jeder Mensch, der heute an einer Borderline-Störung leidet, hat in seiner Kindheit aufgrund von Missbrauch oder Misshandlung ein Trauma erlitten. Und umgekehrt ist festzustellen: Schwere Traumatisierungen in der Kindheit führen auch zu anderen Störungen. Sie scheinen die Entwicklung von Persönlichkeitsstörungen allgemein zu begünstigen. Nicht jeder Mensch mit einer frühen Missbrauchs- oder Misshandlungserfahrung erkrankt zwangsläufig an einer Borderline-Störung.

Trotz aller Überschneidungen geht weder die Borderline-Störung in der posttraumatischen Belastungsstörung auf noch umgekehrt. Man ist sich inzwischen einig: Wenn auch in der Kindheit von Borderline-Patienten (und vor allem Patientinnen) verstärkt traumatische Erlebnisse zu finden sind, so können auch noch andere psycho-soziale Faktoren ein Kind so sehr belasten, dass es eine Borderline-Störung ausbildet.

Traumatisierende Kindheitserfahrungen

Susanne

▶ Als ich zwei Jahre war, haben sich meine Eltern dann getrennt. Mein Vater zog in die Wohnung unter uns. Er sagt heute, das habe er getan, weil er mich häufig sehen wollte. Meine Mutter sagt, sie habe das aber nicht erlaubt, weil ich danach jedes Mal »wie durch den Fleischwolf gedreht« gewesen sei, absolut von der Rolle mit Schreien, Einpinkeln und so. Mein Vater sagt, sie habe mich immer an seiner Tür vorbeigezerrt, ich hätte wie am Spieß »Papa, Papa« geschrien. Aber sie hätte mich nie zu ihm gelassen. Mein Vater ist dann weggezogen. Als ich acht war und meine Mutter mal wieder von Kurt, das war mein damaliger »Stiefpapi«, zusammengeschlagen worden war, und es daheim so schlimm war, bin ich dann zu ihm gezogen – ich glaube, das Jugendamt hat das in die Wege geleitet. Aber da bin ich dann nicht geblieben. Da musste ich in einem Zimmer allein schlafen. Das konnte ich nicht. Ich hab' nämlich, bis ich dreizehn war, bei meiner Mutter im Bett geschlafen. Am Anfang zwischen dem Kurt und ihr, dann aber, als ich wieder heim kam, außen, weil Kurt immer so geschwitzt hat. Heute denke ich, dass ich deswegen wieder heim wollte, weil meine Mutter mich brauchte. Wenn ich nämlich da war, hat Kurt sich besser benommen. So was Ähnliches hat mir auch mal meine Lehrerin gesagt. Das war, als ich in der 8. Klasse auf der Klassenreise so Heimweh hatte, dass sie mich heimschicken musste. Da hat die gesagt: »Vielleicht merkst du, dass du deiner Mama fehlst.« Die Lehrerin damals hat auch eine Psychotherapeutin für mich gefunden. Da war ich dann zwei Jahre jede Woche. ◀

Aus vielen Studien und Untersuchungen, die unzählige Interviews, Lebensberichte und Erinnerungen von Borderline-Patienten ausgewertet haben, ergibt sich heute folgendes Bild: In der Kindheitsgeschichte von Borderline-Patienten und -Patientinnen finden sich sehr viel häufiger Trennungserfahrungen in den ersten Lebensjahren als bei anderen psychischen Störungen. Die Betroffenen berichten sehr viel häufiger als andere von der Scheidung der Eltern, von Krankheit oder Tod eines Elternteils oder von Heimaufenthalten während der ersten Lebensjahre.

Sie berichten aber auch von einer andauernd und tief gestörten Beziehung zu den Eltern. Dabei scheint vor allem ein schlechtes Verhältnis zwischen Mutter und Kind eine Rolle zu spielen, weniger die Beziehung zum Vater. Hier wird oft die innere oder äußere Abwesenheit des Vaters als negativ geschildert.

Einigen Untersuchungen zufolge haben spätere Borderline-Patienten in ihrer Kindheit auch sehr viel Streit, Chaos und Feindseligkeit in ihren Familien erlebt. Viele berichten von einem Erziehungsstil, der entweder von rigider »liebloser« Kontrolle oder von überengagiertem Halten und vor allem Festhalten gekennzeichnet war. Jeder Schritt in die Unabhängigkeit, jeder Verselbständigungsversuch löste von Anfang an eine heftige Reaktion der Eltern aus, sei es nun Bestrafung und Kontrolle der Loslösungstendenzen oder Belohnung und Förderung von Abhängigkeitsbedürfnissen und -wünschen. Beide Erziehungsstile behindern jedoch die gesunde Entwicklung zu einer eigenen stabilen Persönlichkeit.

Experten sprechen deshalb heute nicht mehr von »dem Trauma«, sondern allgemeiner von **traumatisierenden Beziehungen**, die sich in aller Regel über eine lange Zeit hinweg erstreckt haben. Solche Beziehungen können mit Gewalt, Missbrauch, Trennungen, Chaos, Streit, »Festhalten« oder Kontrolle verknüpft sein. Diese Erfahrungen sind deswegen so traumatisierend, weil sie die für die psychische Entwicklung so lebenswichtige Beziehung zu den Eltern betreffen. Ein Kind, will es emotional überleben, ist somit gezwungen, sie zu ertragen, weil es keine Alternative hat.

Das Fehlen dieser für die Entwicklung notwendigen haltgebenden und fördernden Beziehungen muss ebenso als »Nährboden« für die Borderline-Störung angenommen werden wie konkrete Einzeltraumata.

Die psychoanalytische Sichtweise

Es war wieder die Psychoanalyse, die den Blick auf die innere Welt eines Kindes gelenkt hat, das in traumatisierenden Beziehungen aufwachsen muss. Für ein solches Kind ist die Familie, die der Ort der Geborgenheit, Sicherheit und Unterstützung ist, gleichzeitig Ort schrecklicher Erfahrungen.

Allgemein wird heute eine solche tiefgreifende Störung in der frühen Kindheit als eine Ursache der Borderline-Störung angenommen. Dabei erscheinen vor allem »Störungen« im zweiten und dritten Lebensjahr als besondere Risikofaktoren.

Die Individuation

In dieser Lebensphase geht es um eine besonders wichtige Entwicklungsaufgabe. Das Kind entwickelt die Fähigkeit, sich als Individuum zu erleben und einen eigenen Willen zu haben. Vorformen eines Selbstempfindens sind zwar schon viel früher zu beobachten. Doch in der Phase zwischen zwei und drei Jahren verändert sich das Selbstempfinden des Kindes noch einmal ganz besonders. Jetzt erlebt das Kind, dass es ein Individuum ist, getrennt und unabhängig von anderen, aber auch in Beziehung zu anderen. Es erkennt einerseits, dass man – fast – alles allein und selbst machen kann, andererseits, dass man sich den Anforderungen anderer widersetzen kann.

Erste äußere Anzeichen sind etwa, dass das zweijährige Kind sich auf einem Foto selbst erkennt, dass es von sich, zunächst in der dritten Person, sprechen kann, sowie die Bockigkeit, die ein Kind in diesem so genannten Trotzalter entwickelt. Mit zweieinhalb Jahren entwickeln Kinder auch einen Begriff von sich und ihrem Körper. Sie wissen, ob sie groß oder klein sind, ob Junge oder Mädchen, und beginnen »ich« und »mein« zu sagen. In diesen beiden Wörter, dem »Ich« und »Mein«, die gerade in diesem Alter mit besonderem Nachdruck verwendet werden, drückt sich das grundlegende Bedürfnis eines Kindes aus, mit Stolz und Freude das Wachsen der eigenen Persönlichkeit und Selbstbeherrschung zu erleben. Damit ein Kind diese auch »psychische Geburt« genannte Entwicklung erfolgreich meistert, braucht es jedoch unbedingt die Ermutigung und Unterstützung der betreuenden nächsten Bezugspersonen. Nur dann entwickeln sich die wichtigen Ich-Funktionen, die bei Borderlinern jedoch gestört sind:

- ein mit sich selbst identisches Körpergefühl
- sichere Ich-Grenzen gegenüber inneren und äußeren Reizen
- die Fähigkeit zu verdrängen und zu sublimieren: beides sind Abwehrmechanismen, die zum Beispiel überwältigende Affekte wie Wut und Angst verarbeiten und sinnvoller und produktiver verwenden helfen
- eine verbesserte Realitätsprüfung, die Fähigkeiten, Frustrationen auszuhalten und eine bessere Kontrolle der eigenen Impulse und Triebe
- die Fähigkeit allein zu sein, Angst und Schuldgefühle zu ertragen
- erste Ansätze sich in andere einzufühlen und Teilnahme zu zeigen.

»Frühe Störung« und Borderline

Es scheinen also vor allem Traumatisierungen in dieser Phase der Individuation zu sein, die zur Entwicklung einer Borderline-Störung führen.

Vor allem der Psychoanalytiker James F. Mastersons hat die Symptomatik seiner Borderline-Patienten als Folge einer misslungenen Individuation gesehen. Misslungen ist ihre Individuation deshalb, weil diese Menschen stattdessen »festgehalten« wurden. Anstatt ihre Verselbstständigung zu begrüßen, hat ihre Mutter – möglicherweise selbst Borderlinerin und deshalb unfähig, allein zu sein – jeden Schritt in die Unabhängigkeit mit Liebesentzug bestraft, jedes Anklammern mit besonderer Fürsorge belohnt.

> Vor allem Störungen in der Phase zwischen zwei und drei Jahren bergen das Risiko einer Borderline-Entwicklung.

Dieses Festhalten ist deshalb so zerstörisch, weil es zu einer Zeit geschieht, in der jede noch so subtil geäußerte, angedeutete, unausgesprochene und nicht ernst gemeinte Drohung mit Trennung massive Verlassenheitsangst auslösen muss.

Das kleine Kind gerät in einen unauflösbaren inneren Konflikt zwischen dem Drang nach Autonomie und der Angst vor dem Verlassenwerden. Letztlich wird die Verlassenheitsangst die Versuche zur Verselbstständigung verhindern. Diese Angst ist deshalb so überwältigend, weil das kleine Kind ja tatsächlich ohne die Mutter nicht lebensfähig ist. Eine Selbstbehauptung ist dem Kind unter diesen Umständen nicht mehr möglich.

Zuerst wird das Kind zwar **wütend** reagieren, dann aber vor dem Hintergrund der Drohung, verlassen und nicht mehr geliebt zu werden, sehr bald »aufgeben«. **Schuldgefühle** und die **Angst** vor dem Liebesverlust lassen es nur noch passiv und **hilflos** reagieren. Nichtigkeit und **Leere** – statt Freude und Stolz auf eigene Fähigkeiten, die Kinder in diesem Alter so dringend brauchen – werden zu vorherrschenden Gefühlszuständen. Die Drohung hindert das Kind daran, »groß und stark« – kurz eine eigene Persönlichkeit zu werden. Die »sechs Reiter der Apokalypse« der Borderline-Störung – dies ist ein Bild J.F. Mastersons in Analogie zu den vier apokalyptischen Reitern der Offenbarung –, nämlich Depression, Wut, Angst, Schuld, Hilflosigkeit und Leere, unter denen Borderliner als Erwachsene leiden, haben also in diesem Alter ihren Ursprung.

Dieser schwere Konflikt, aber auch jegliche traumatische Erfahrung in dieser Zeit übersteigt die psychische Verarbeitungsmöglichkeit des Kindes und hat Langzeitfolgen, so die »Spaltung«.

Um sein inneres Bild von den guten Eltern und damit den Ort der Sicherheit bewahren zu können, der für seine körperliche und seelische Entwicklung lebensnotwendig ist, spaltet das Kind das »Böse« ab, das es z.B. in Form der Verlassensdrohung erlebt.

Sinn dieser Spaltung ist in jedem Fall, die guten Beziehungen zu Vater und Mutter und das eigene »gute Selbst«, das sich gut, sicher, geborgen und angenommen fühlt, nicht in Verbindung bringen zu müssen mit dem Bösen, das einem widerfährt, und der Angst, Wut, und Verzweiflung, die in einer solchen traumatisierenden Beziehung erlebt werden. Auch im Inneren spaltet das Kind also seine Gefühls- und Erlebenswelt in Schwarz und Weiß – und setzt damit seine gesunde Ich-Entwicklung aufs Spiel. Die Folge ist, dass die eigene Innenwelt nicht ein zusammengehöriges Ganzes ist, sondern zweigeteilt wird.

Zusammenfassung

Schwere in der Kindheit erlebte Traumata oder so genannte traumatisierende Beziehungen sind bei vielen Borderlinern festzustellen. In einem Alter von zwei bis drei Jahren, in dem sich die so genannte Individuation vollzieht, ist die Einwirkung auf die Persönlichkeitsentwicklung des Kindes besonders gravierend.

Die biologische Dimension

Die psychologische und soziale Sichtweise hat den Nachweis einer Vielzahl möglicher Risikofaktoren für eine spätere Borderline-Störung ermöglicht. Lange war die Forschung zum Thema Borderline-Störung auch die Domäne der Psychologie und der psychologisch und soziologisch interessierten Ärzte und Psychiater. Innerhalb der biologisch orientierten psychiatrischen Forschung bestand dagegen für diese schwierige Störung wenig Interesse – übrigens ebenso wenig, wie auf der anderen Seite Offenheit für biologische Fragestellungen zu finden war.

Mittlerweile scheint dieser Gegensatz aber überwunden. Psychotherapeuten lehnen den Gedanken, dass jeder seelische Vorgang eine biologische Basis hat, heute ebenso wenig ab, wie biologisch orientierte Psychiater den Einfluss von Lebensereignissen und Umgebungsbedingungen auf die biologisch-genetische Basis des Seelenlebens leugnen.

Veranlagung – die konstitutionelle »Hardware«

Vererbung

Wenn von Veranlagung gesprochen wird, geht es vielen erst einmal um die Vererbung. Es gibt einige Studien, die der Frage nachgingen, ob und mit welcher Wahrscheinlichkeit die Borderline-Störung als Störung überhaupt oder bestimmte ihrer Merkmale vererbt werden. Da bisher kein bestimmtes Gen für die Borderline-Störung bekannt ist und wahrscheinlich auch nie zu identifizieren sein wird – musste auf die üblichen statistischen Verfahren zurückgegriffen werden. Das heißt: Es wurde nach der Häufigkeit der Störung beziehungsweise einiger ihrer Merkmale in den Familien, besonders bei den Verwandten ersten Grades, einzelner Betroffener gesucht. Leider ist die Datenlage noch recht spärlich. Zwillings- und Adoptionsstudien, die sich in der Erblichkeitsforschung ansonsten als die aussagekräftigsten erwiesen haben, sind bisher kaum unternommen worden und haben auch widersprüchliche Ergebnisse gezeigt.

Das heißt: Bevor nicht weitere Studien durchgeführt worden sind, kann man zwar nach der bisherigen Datenlage annehmen, dass die

Einige der Merkmale der Borderline-Störung sind möglicherweise vererbbar.

Vererbung an ihrer Entstehung beteiligt ist, ohne dies aber mit Sicherheit zu wissen, wie dies etwa für den genetischen Einfluss bei einer schizophrenen Psychose der Fall ist. Worüber man aber mehr weiß, ist die Vererblichkeit bestimmter Merkmale. Zwillingsstudien an ein- und zweieiigen Zwillingen lassen zum Beispiel den Schluss zu, dass die impulsive Aggression ebenso wie die emotionale Instabilität der Borderline-Störung tatsächlich vererbbar sind. Diese Annahme entspricht auch vielen anderen Untersuchungen zur familiären Häufigkeit dieser Persönlichkeitsmerkmale, unabhängig davon, ob sie nun Teil einer Borderline-Störung sind oder nicht.

Das Temperament

Veranlagung im Sinne von »angeboren sein« kann aber auch ganz ohne diese Frage nach der Vererbung beschrieben werden. Für das Thema der Borderline-Störung hat sich das Modell des Temperaments als hilfreich erwiesen. Temperament bedeutet in unserem Zusammenhang eine anlagebedingte Neigung, nach der Menschen sich in ihrem Verhalten, ihren Stimmungen und Reaktionsmöglichkeiten auf Umweltreize unterscheiden. Seit der Antike versuchte man eine Typisierung dieser möglichen Temperamente. Bekannt sind die vier Formen Sanguiniker, Melancholiker, Phlegmatiker und Choleriker. Heute verwendet man eher eine Einteilung nach hyperthymen, depressiven, reizbaren und zyklothymen Typen. Sie unterscheiden sich in ihrer Aktivität, ihrer Erregbarkeit, ihrem Rhythmus, ihrer Reaktionsschwelle, ihrer Aufmerksamkeitsspanne und ihrer Anpassungsbereitschaft an Veränderungen. Diese unterschiedlichen Stimmungen und Reaktionsstile, eben die Temperamente, sind über die Lebenszeit ziemlich stabil. Sie lassen relativ sichere Aussagen darüber zu, wie ein Mensch in dieser oder jener Situation reagieren wird.

Auf der Grundlage einer solchen »Temperamentenlehre« hat sich auch ein neuer Zugang zu bestimmten Reaktionsweisen von Borderlinern ergeben. Vor allem das zyklothyme Temperament, das als launisch, eher explosiv und extrem in seinem Gefühlsausdruck beschrieben wird, erinnert schon in seiner »normalen« Ausprägung an das Verhalten von Borderlinern. Im reizbaren Temperament findet sich ein weiteres Merkmal, nämlich die niedrige Reizschwelle nach außen und nach innen.

Das heißt: Spätere Borderline-Persönlichkeiten sind schon durch ihr Temperament von Anfang an vulnerabler, d.h. störungsanfälliger, im Vergleich zu anderen Menschen. Es lässt sie auch weitaus stärker auf die eigenen inneren wie auch von außen kommenden Reize reagieren als dies Menschen mit einem anderen Temperament tun würden.

Beispielsweise können schon in den ersten Lebenstagen – genau genommen schon im Mutterleib – signifikante Temperamentsunterschiede bei Babys beobachtet werden. Es gibt Babys, die von Anfang an »pflegeleicht«, ausgeglichen und wenig irritierbar sind, und es gibt solche, die von Anfang an »schwierig« sind, entweder weil sie sehr viel schreien, schwer zu einem eigenen Rhythmus finden und auf jede kleinste Veränderung und die leichteste Unruhe sehr empfindlich reagieren oder weil sie zu ruhig, fast apathisch sind, kaum zum Trinken zu motivieren sind und außerordentlich viel Anregung brauchen.

Wie Temperament und Umwelt zusammenspielen

Das oben genannte Beispiel der »schwierigen Babys« zeigt deutlich die Wechselwirkung von Temperament und Umwelt. Von Geburt an haben es diese »schwierigen« Babys nicht leicht. Diese Babys laufen deshalb sehr viel mehr Gefahr, von ihren Eltern nicht passend, also ihren Bedürfnissen entsprechend, behandelt zu werden. Sie werden mit weit höherer Wahrscheinlichkeit als das bei »pflegeleichten« Babys der Fall ist, schlecht behandelt werden, also Traumatisierungen erfahren. Und dies wird sich fortsetzen: Auch später als Kinder werden sie aller Wahrscheinlichkeit nach eher anecken und deshalb wieder und wieder »unpassende« Reaktionen auslösen, also Erfahrungen machen, die ihrer gesunden psychischen Entwicklung nicht zuträglich sind.

Dazu kommt: Diese Babys machen es ihren Eltern nicht »leicht«, sondern fordern sehr viel mehr Einfühlung und Geduld, aber auch Struktur, Grenzziehung und Leitung. Die Eltern werden durch sie wesentlich häufiger bis an die Grenzen der Belastbarkeit geführt, was sie wiederum weniger fähig macht, »gute« Eltern zu sein. Es ist wohl auch kein Zufall, dass überdurchschnittlich häufig die Schwierigkeit ihres Temperaments familiäre Störungen nach sich zieht.

Ein schwieriges Temperament ist somit schon im Säuglings-
alter eine Hypothek, die die Wahrscheinlichkeit negativer
Erfahrungen drastisch erhöht. Das wiederum bedeutet, dass
Kinder mit einem solchen Temperament ein weitaus höheres
Risiko haben, im Erwachsenenalter durch eine Persönlichkeits-
störung aufzufallen.

Ein schwieriges Temperament kann eine schwere Hypothek sein.

»Falsch gelernt« – die biosoziale Theorie von M. Linehan

Auch in M. Linehans Theorie der Borderline-Persönlichkeitsstörung
geht es um den wechselseitigen Austausch biologischer und sozialer
Einflüsse. Am Anfang einer borderlinetypischen Entwicklung steht
hier eine **biologisch bedingte emotionale Vulnerabilität** (Verletzlichkeit). Sie ist gekennzeichnet durch:

- eine ausgeprägte Empfindlichkeit gegenüber emotionalen Reizen
- eine hohe Intensität der Emotionen
- einen verlangsamten Rückgang zu einem emotionalen Ausgangszu-
stand.

Die Erregungszustände, die dadurch entstehen, werden als akut auftretende, kaum kontrollierbare Spannungszustände erlebt. Erwachsene Borderliner hatten als Kind – so dieses Modell – nicht nur eine
schwierige Ausgangsbasis, sondern sie haben in ihrem Leben nie die
adäquate Unterstützung erfahren, die ihnen geholfen hätte, ihre Emotionen angemessen zu regulieren.

Im Gegenteil: Sie sind in einer »invalidierenden Umgebung« aufgewachsen, d.h. in einer Umgebung, in der ihre negativen emotionalen
Erfahrungen für nicht gültig (valide) erklärt wurden.

 In einer »invalidierenden Umgebung« werden schmerzliche Gefühle
des Kindes heruntergespielt, missachtet, ignoriert oder als falsch zu-
rückgewiesen.

Die Folge ist eine wachsende Diskrepanz zwischen den eigenen Erfahrungen und dem, was durch die Umwelt, nämlich die Eltern, als richtig bestätigt wird. Dem Kind wird es so unmöglich gemacht, ange-

sichts seiner schwierigen Ausgangsbasis zu *lernen*, wie es seine Erregung benennen, regulieren und als angemessene emotionale Reaktion auf Umweltreize als »richtig« annehmen kann. Borderliner erfahren schon als Kind, dass nur außergewöhnliche, extreme Gefühlsäußerungen überhaupt Beachtung finden, wodurch es *lernt* extrem zu reagieren.

Zum Verhängnis wird eine solche Umgebung dann, wenn sie zusätzlich überwältigende Emotionen beim Kind erzeugt, diese aber tabuisiert oder verschwiegen werden. Dies ist vor allem in Familien der Fall, in denen physischer und sexueller Missbrauch stattfindet und nicht geahndet wird. Die unkontrollierbare Dauererregung führt langfristig zu strukturellen Veränderungen im Gehirn, was die spätere Verletzbarkeit zusätzlich erhöht.

Borderliner haben nach Linehan von Anfang an eine höhere emotionale Verletzlichkeit **und** sind in einer invalidierenden Umgebung aufgewachsen.

Der Hirnstoffwechsel

Für viele psychische Störungen wie etwa Depressionen oder die Alzheimerkrankheit gab es in den letzten Jahrzehnten spannende neue Einsichten, die sowohl die Entstehung erklären halfen als auch entscheidende Verbesserungen in der Therapie möglich machten. Leider fehlen für die Borderline-Störung solche biomedizinischen Erkenntnisse noch weitgehend. Was von der biologischen Dimension dieser Störung heute bekannt ist, muss eher noch als bruchstückhaft bezeichnet werden. Es gibt jedoch inzwischen eine Fülle von Einzelbefunden und Hypothesen, die einen ersten Einblick erlauben.

Anfangs wurde, ähnlich wie bei der Depression, nach einem Neurotransmittersystem gesucht, dessen Störung möglicherweise für die Symptome der Borderline-Störung verantwortlich sein könnte. Über lange Zeit wurden Borderline-Patienten u.a. mit depressiven oder schizophrenen Patienten verglichen, weil auch dort eine gestörte Balance von Neurotransmittern vorliegt. Neurotransmitter sind chemische Botenstoffe, die Informationen von einer Nervenzelle zur nächsten vermitteln.

Der Ort, an dem diese Übertragung geschieht, ist der so genannte synaptische Spalt zwischen zwei Nerven. Milliarden von Nervenzellen sind so zu einem hochkomplexen neuronalen Netzwerk verschaltet und die Ausschüttung, Bindung und Wiederaufnahme der Neurotransmitter begleitet unablässig im Millisekundentakt jede Aktivität des Gehirns.

In der psychiatrischen Forschung geht es heute vor allem um vier dieser Botenstoffe.

- **Dopamin** scheint viel damit zu tun zu haben, wie unser Denken abläuft, ob es klar und ungestört ist oder ob es durch Wahn oder realitätsferne Beziehungssetzungen bestimmt ist. Bei schizophrenen Psychosen zum Beispiel konnte in bestimmten Hirnregionen ein Dopaminüberschuss nachgewiesen werden.

- **Serotonin** ist unter anderem an der Regulation von Stimmung, Appetit, Sexualität und bei der Impulskontrolle beteiligt. Viele psychische Störungen gehen mit einem Serotoninmangel einher. Bei der Borderline-Störung ist der Einfluss von Serotonin auf die emotionale Stabilität und auf impulsives und aggressives Verhalten von besonderer Bedeutung.

- **Noradrenalin** ist an der Stimmungsregulation beteiligt. Die Menge an Noradrenalin ist zum Beispiel bei allen alarmierenden Situationen erhöht, wenn wir Angst haben, auf dem Posten sein müssen. Ein Zuwenig dieses Botenstoffs kann zur Depression führen, ein Zuviel dagegen zur Überreiztheit und zu nicht angemessenen heftigen Reaktionsweisen.

- **Acetylcholin** reguliert, wie stabil unsere Emotionen sind. Es ist so etwas wie ein Anker unter den anderen schnell reagierenden Botenstoffen. Daneben hat Acetylcholin eine wichtige Bedeutung bei allen kognitiven Vorgängen, wie etwa der Gedächtnisleistung oder dem logisch-abstrahierenden Denken.

Es wäre der Komplexität der psychischen Vorgänge nicht angemessen, wollte man eine beliebige psychische Störung nur aus dem Fehlen oder dem Überwiegen eines einzelnen Botenstoffes herleiten. Die Realität ist wesentlich komplizierter. Man muss sich das Zusammenspiel psychischer Vorgänge eher als raffiniertes vielteiliges Mobile vorstellen, das in Ruhe völlig austariert in der Luft hängt, jedoch unter Umständen als Ganzes in erhebliche Turbulenzen gerät, wenn ein einzelnes Teil auch nur von einem kleinen Windhauch bewegt wird. Bei der Vielgestaltigkeit der Borderline-Störung ist es sehr wahrscheinlich, dass jeder Betroffene, jeder Patient, seine persönliche Balancestörung

im Wechselspiel der Neurotransmitter entwickelt hat. Anzunehmen ist gerade bei der Borderline-Störung auch, dass
zu unterschiedlichen Zeiten ganz verschiedene Neurotransmitter aus dem Gleichgewicht geraten. Daher kann
auch die Symptomatik wechseln und sich einmal haupt-
sächlich als emotionale Schwäche und Instabilität, dann
als gestörter Denkprozess, einmal als mangelnde Impuls-
steuerung und dann wieder als Übersensibilität auf
Außenreize und die Umgebung zeigen. Es hängt von der
augenblicklichen Verfassung eines Betroffenen ab, wo gerade der Schwerpunkt liegt.

Bei der Borderline-Störung ist das Zusammenspiel der Neurotransmitter zu verschiedenen Zeiten auf verschiedene Weise aus dem Gleichgewicht geraten.

Wie aus der »Software« »Hardware« wird – Trauma und Biochemie

Ein schweres Trauma wie das eines Missbrauchs oder einer Misshandlung hinterlässt nicht nur einfach psychisch belastende Erinnerungen.
Hirnforscher konnten vielmehr inzwischen nachweisen, dass und in
welcher Weise derartige Traumata in der Kindheit biologische Spuren
im Gehirn hinterlassen, die das ganze weitere Leben und Erleben beeinflussen.

Ein Beispiel: Hirnforscher haben Menschen mit einer posttraumatischen Belastungsstörung Erinnerungen an ihr Trauma ausgesetzt und
dann die Hirndurchblutung gemessen. Das Ergebnis: Die linke Gehirn-
hälfte war ausgesprochen schlecht durchblutet, während die rechte eine extrem gute Durchblutung aufwies. Weiß man, dass links der Bereich des Verstandes, der Sprache, des gezielten Planens sitzt, während
rechts eher der Bereich der Affekte ist, wird die Bedeutung dieses Er-
gebnisses klar: Löst eine aktuelle Situation die Erinnerung an ein frü-
heres Trauma aus, so ist bei dem Betroffenen der Bereich der Sprache
und des gezielten Planens nur noch eingeschränkt einsatzbereit, während die Affekte überschießen – er reagiert also, wie Menschen mit einer Borderline-Störung häufig in für sie belastenden Situationen reagieren.

Ein zweites Beispiel: Neuere Untersuchungen zeigen, dass Menschen,
die extrem bedrohliche Situationen überstehen konnten – etwa Vergewaltigung, Entführung, Gefangenschaft und Ähnliches –,und dabei eine enorme Stressbelastung erfahren haben, auch nach dem Ereignis
über eine längere Zeit eine massiv verstärkte Ausschüttung des Stress-
hormons Cortisol aufweisen. Dieser erhöhte Cortisol-Spiegel , so konn-

Durch die vermehrte Ausschüttung von Cortisol werden im so genannten Hippocampus irreversible Schäden verursacht.

te gezeigt werden, hinterlässt Narben im Gehirn. Und zwar in einer Hirnregion, die eine zentrale Rolle für Gedächtnisfunktionen und ganz besonders für das so genannte emotionale Gedächtnis einnimmt. Hier können offenbar durch die vermehrte Überausschüttung von Cortisol irreversible Schäden eintreten. Wie mit modernen bildgebenden Verfahren bewiesen werden konnte, wies diese Hirnregion, der Hippocampus, dann dauerhafte Gewebsminderungen auf. Wissenschaftler nehmen nun an, dass sich nicht nur bei diesen Patienten, die im Anschluss an das Überstehen einer derart katastrophalen Situation eine posttraumatische Belastungsstörung entwickeln, diese biologischen Narben finden lassen, sondern auch bei Borderline-Patienten, die ähnliche Erlebnisse in ihrer frühen Kindheit machen mussten.

Zusammenfassung

Ob die Borderline-Störung vererbbar ist, ist fraglich, für einzelne Merkmale scheint das allerdings zuzutreffen. Denkbar ist auch eine Veranlagung in Form eines Temperaments , das in Wechselwirkung mit der Umwelt die Wahrscheinlichkeit einer späteren Borderline-Persönlichkeit stark erhöht. Dem entspricht das Modell von Linehan, das für Borderliner von einer biologischen Verletzlichkeit ausgeht, die sich durch eine entsprechend invalidierende Umgebung zur Störung fehlentwickelt.
Die verschiedenen Symptome der Borderline-Störung hängen mit Störungen verschiedener Neurotransmittersysteme des Gehirns zusammen. Diese und andere physiologische Veränderungen im Gehirn können das Resultat erlittener Traumata sein.

Das Gesamtbild der Entstehung

Ein Beispiel

Kathrin (17 Jahre)

► Kathrin wird vom Stationsarzt der Inneren Abteilung nach einer »Entgiftung« in die Kinder- und Jugendpsychiatrie weiterverwiesen. Ihre Mutter begleitet sie zum ersten Termin. Kathrin möchte auch, dass sie dableibt. Zu Anfang spricht nur die Mutter. Kathrin sitzt wie abwesend neben ihr – erst nach und nach kann sie sich am Gespräch beteiligen. Es geht in diesem Gespräch um die Lebensgeschichte von Kathrin.

Kathrin wurde als zweites Kind kurz nach dem ersten Geburtstag ihres Bruders geboren. Die Schwangerschaft war nicht geplant. Die Mutter sagt: »Ich habe damals noch geglaubt, solange ich stille, brauche ich die Pille nicht.« Als die Mutter die Schwangerschaft bemerkte, war sie schon im 4. Monat, eine Abtreibung kam also nicht mehr in Frage. Die Mutter berichtet von ihrer Wut auf den Mann in dieser Zeit, der sie gegen ihren Willen zum zweiten Mal geschwängert habe.

Die Geburt war schwierig. Zuletzt musste Kathrin doch noch durch einen Kaiserschnitt entbunden werden. Kathrin – so erzählt die Mutter – sei von Anfang an sehr anstrengend gewesen, habe viel geschrien, das Füttern sei eine einzige Katastrophe gewesen. Geschlafen habe die Mutter kaum in dieser Zeit, da Kathrin mehrmals pro Nacht aufgewacht und nur durch ständiges Herumtragen wieder zu beruhigen gewesen sei. Seit dieser Zeit schläft Kathrin im Bett der Mutter. Versuche, allein zu schlafen, sind bis weit in die Pubertät gescheitert.

Als Kathrin drei Jahre alt ist, trennen sich die Eltern. Die Kinder werden »aufgeteilt«. Kathrin als die jüngere bleibt bei der Mutter. Kontakte zum Bruder und zum Vater bestehen seitdem kaum. Dass Kathrin dies heute noch bedauert, versteht die Mutter nicht. Sie sagt: »Wenn das Geld kam, war ich zufrieden.« Wie Kathrins motorische, emotionale und sprachliche Entwicklung aussah, weiß die Mutter nicht mehr. Sie sagt: »Wahrscheinlich war alles normal.«

Als Kathrin 5 Jahre alt ist, heiratet die Mutter nach mehreren gescheiterten Beziehungen zu meist jüngeren Männern wieder. In dieser Ehe sei viel gestritten worden. Vor allem zwischen Kathrin und ihrem Stiefvater gibt es viel »Zoff«. Kathrin berichtet jetzt von Schlägen, die sie damals wegen

Kleinigkeiten – ins Bett pinkeln, eine Vase kaputt schlagen – bekommen habe. Sie wirft ihrer Mutter heute noch vor, dass diese immer zum Stiefvater gehalten habe. Die Mutter sagt: »Das stimmt doch nicht, wir beide sind doch ein Team, da kann doch kein Mann zwischen!«

In der Grundschule fällt Kathrin durch ihre »Hibbeligkeit« auf. »Sie konnte nicht still sitzen«, erzählt die Mutter, »dauernd musste ich zur Lehrerin, die nicht klar mit ihr kam.« Auch mit der Konzentration hapert es. Eine Lese-Rechtschreib-Schwäche wird im dritten Schuljahr von einem Schulpsychologen diagnostiziert. Die Mutter trennt sich vom Stiefvater – »der hat unser ganzes Geld versoffen« – als Kathrin 12 Jahre alt ist. Kurz darauf lernt sie in der Türkei einen sehr viel jüngeren Türken (24 Jahre) kennen, den sie kurz darauf heiratet, unter anderem, um ihm den Aufenthalt in Deutschland zu ermöglichen. Dieser sei wie ein Vater zu Kathrin, betont die Mutter, was Kathrin mit einem wütenden »Das meinst du!« in Frage stellt. Die Mutter versucht zu erklären: »Der wollte sie wenigstens noch erziehen und hat nicht nur gelabert.«

Mit Eintritt in die Pubertät verweigert Kathrin jede Form schulischen Engagements. Verstöße gegen die Schulordnung wie ständiges Schwänzen, Aufsässigkeit, unerlaubtes Rauchen und eine gefälschte Unterschrift unter einem Verweis führen zu mehreren Schulwechseln. Kathrin ist nur noch selten zu Hause und habe – so erzählt die Mutter – mit viel älteren Jungs vor dem Bahnhof herumgelungert. Hier beginnt sie zu trinken. Mit 16 Jahren schließt Kathrin die Hauptschule ab, findet auch eine Ausbildungsstelle als Einzelhandelskauffrau, die sie jedoch wegen mehrmaligen unentschuldigten Fehlens wieder verliert. Seitdem »jobbt« sie in einer Kneipe. Hier sei es mit dem Trinken schlimmer geworden, und zwar habe sie – erklärt Kathrin – immer dann einen Schnaps gebraucht, wenn sie von Gästen angemacht worden sei. Ganz schlimm seien die alten Knacker, die ewig am Tresen rumhingen, was die Mutter mit einem »Hättest du halt deine Ausbildungsstelle nicht verloren!« quittiert. Den Tag des Suizidversuchs, als sie sich – wie die Mutter sagt – »so zugesoffen« habe, dass man sie ins Krankenhaus habe bringen müssen, nennt Kathrin »den beschissensten Tag überhaupt«. Da sei alles zusammengekommen, was sie »nicht brauchen« könne: Vor der Schicht ein Riesenstreit mit dem Mann der Mutter, bei dem er sie gegen die Wand geboxt habe, dann eine lange Schicht mit Besoffenen und danach der Chef, der sie noch »auf ein Bierchen« eingeladen habe. Als der dann anfing an ihr »rumzumachen«, habe sie einen Wodka-Orange nach dem anderen getrunken. »Ich konnte mich ja nicht wehren. Er ist ja mein Chef.« Zu Hause – »da steht ja immer der Martini von meiner Mutter rum« – habe sie dann weitergemacht, weil keiner da gewesen sei. »Und plötzlich habe ich die totale Panik bekommen in der leeren Wohnung. Ich hab' die Valium meiner Mutter gesehen und hab' sie, ohne lang darüber nachzudenken, ganz langsam eine nach der anderen mit dem Martini runtergespült.« Die Mutter habe sie dann gegen Morgen gefunden. ◄

Das anerkannte Modell

Allgemein anerkannt ist heute ein so genanntes »multifaktoriales Modell« der Entstehung. Es erfasst alle in diesem Kapitel bisher dargestellten Ansätze: und Erklärungsversuche: angeborenes Temperament, belastende Erfahrungen in der Kindheit und neurologische Funktionsänderungen. In diesem Modell sind zwei verschiedene Gruppen von Faktoren verknüpft:

- Umweltfaktoren: Trennung oder Verlust eines Elternteils in früher Kindheit, gestörte Beziehungen zu den Eltern, Missbrauch oder Misshandlung in der Kindheit
- konstitutionelle Faktoren: familiäre Neigung zu bestimmten psychischen Störungen, Störungen der Neurotransmittersysteme, Funktionsstörungen des Gehirns, temperamentbedingte Verletzbarkeit.

Nur wenn Faktoren aus beiden Gruppen vorliegen und in Interaktion miteinander treten, kann dies zur Entwicklung einer Borderline-Persönlichkeit führen. Zum Ausbruch einer Borderline-Störung mit den dazugehörigen Symptomen kommt es durch »auslösende« Ereignisse, die wieder »in dieselbe Kerbe hauen«.

Zusammenfassung

Für das Verständnis einer Borderline-Störung wurde ein multifaktoriales Modell entwickelt, das mögliche biologische, psychische und soziale Faktoren berücksichtigt. Denn viele Ursachen, von traumatischen Erfahrungen bis zur inneren Konstitution, können zur Entstehung einer Borderline-Störung beitragen. Nur wenn das Zusammenspiel dieser Faktoren betrachtet wird, wird das Entstehen einer Borderline-Persönlichkeit verstehbar.

Turbulenzen, Risiken und Krisen – selbstschädigendes Verhalten

In der Regel begleiten selbstschädigende Verhaltensweisen die kritischen Lebensphasen eines Borderliners.
Sie stellen das große Risiko der Borderline-Störung dar, denn sie können schwerwiegende körperliche und soziale, insbesondere aber auch tödliche Folgen haben. Daher sollte diesem Verhalten von Therapeuten wie Angehörigen vorrangige Aufmerksamkeit gelten.

Das weite Feld selbstschädigenden Verhaltens

Monika (vor dem Richter)

▶ Ja, ich habe eine Tasche mitgehabt, ich habe alles in die Tasche reingetan, mitten im Geschäft, es waren ja Leute um mich herum, also ich muss das ja vor Publikum eingepackt haben. Ich war in dem Moment total neben der Kappe. Das ist immer so, wenn so etwas ist: Ich kann mich dann einfach nicht mehr davon abhalten, alles einzupacken. Ich weiß auch nicht, warum das so ist, ich kann nur sagen, wie es ist. Ich will es ja nicht, aber es passiert einfach. Manchmal sage ich mir, Monika tu es nicht. Aber es passiert trotzdem. Ich muss stehlen – ich kann nur sagen, dass ich sehr nervös bin, und irgendwo passiert das bei mir unter Druck. Das erste Mal war gleich nach dem Umzug, wo wir von zu Hause weg mussten, weil mein Mann die neue Stelle gekriegt hat. Da habe ich zu den Kindern gesagt, ich muss mal einkaufen und bin gar nicht mehr zurück gekommen, weil die mich gleich festgehalten haben. Ich hatte meine ganzen Taschen vollgepackt. – Da ist es zum ersten Mal passiert. ◀

Weitreichende Folgen

Die wenigen Verlaufsstudien, die es zur Borderline-Störung gibt, machen Hoffnung: Sind erst einmal die riskanten Jahre überwunden, scheint für viele Borderliner ein symptomarmes oder gar symptomfreies Leben möglich zu werden. Deshalb verlangen diese kritischen Lebensabschnitte besondere Aufmerksamkeit. Und es gelingt auch vielen Betroffenen, diesen kritischen Lebensabschnitt zu meistern – mit oder ohne Unterstützung einer begleitenden Psychotherapie.

Diese Chance auf einen letztlich guten Ausgang verringert sich aber dann erheblich, wenn selbstschädigende Verhaltensweisen, wie zum Beispiel massiver Alkohol- und Drogenmissbrauch, Essstörungen, Selbstverletzungen und Suizidversuche die Gesundheit oder sogar das Leben der Betroffenen gefährden. Selbstbeschädigendes, alle Risiken verleugnendes Verhalten kann zu schwerwiegenden körperlichen und sozialen Komplikationen oder gar zum Tode führen.

Die Bandbreite selbstschädigenden Verhaltens

Bei der Darstellung der einzelnen Symptome der Borderline-Störung wurde bereits die hohe Gefährdung der Betroffenen durch selbstbeschädigendes oder selbstverletzendes Verhalten dargestellt.

Das DSM IV formuliert es folgendermaßen: Borderliner fallen auf durch »Impulsivität bei mindestens zwei potenziell selbstschädigenden Aktivitäten, z.b. Geldausgeben, Sexualität, Substanzmissbrauch, Ladendiebstahl, rücksichtsloses Fahren und Fressanfälle (suizidale Handlungen fallen nicht darunter)«.

Das ICD 10 spricht bei der Beschreibung eines »Borderline-Lebens« von möglichen Krisen »mit selbstschädigenden Handlungen«.

Mit dem Begriff der selbstschädigenden Handlung sind nicht nur Verletzungen des Körpers gemeint – auch die soziale Rolle und Einbindung kann geschädigt werden. Dies ist zum Beispiel beim »Kaufrausch« oder bei der Kleptomanie, also der »Stehlsucht« oder manchmal auch bei wahllosem, riskantem Sex der Fall. Dieser zum Beispiel birgt körperliche Risiken wie ungewollte Schwangerschaften und die unterschiedlichsten Geschlechtskrankheiten von Hepatitis bis AIDS.

Selbstschädigendes Verhalten kann die körperliche, seelische oder soziale Ebene betreffen.

Auch extremes Risikoverhalten, das manche Borderliner als Kick benötigen, kann unter Umständen zur selbstschädigenden Handlung werden. Das DSM-IV nennt das riskante Rasen mit dem Auto. Darunter können aber auch die vielen tollkühnen Aktivitäten wie U-Bahn-Surfen fallen, durch die sich manche vor allem junge Menschen in Lebensgefahr bringen.

Eigene Krankheit oder Ausdruck der Borderline-Störung?

Experten streiten sich immer noch, ob einzelne selbstschädigende Störungen nun Teil der Borderline-Persönlichkeitsstörung sind oder als zeitgleich auftretende eigenständige »Mit-Krankheit« (Komorbidität) zu gelten haben. Nehmen wir als Beispiel die Bulimie (Ess-Brech-Sucht) eines Borderliners: Als Folge der mangelnden Impulskontrolle kann sie als ein Merkmal der Borderline-Persönlichkeitsstörung aufgefasst werden. Sie kommt jedoch auch bei sehr vielen Menschen vor, deren Persönlichkeit ganz anders strukturiert ist und die sonst keinerlei Anzeichen einer Borderline-Persönlichkeitsstörung haben. Bei ihnen liegt also mit dieser Essstörung eine eigenständige psychische Störung vor.

Als solche eigenständige Störung könnte eine Bulimie auch bei einem Borderliner gesehen werden. Sie könnte die Borderline-Störung vielleicht sogar ganz zufällig begleiten. Die zentrale Frage, die sich daraus ergibt, ist: Soll und kann diese Essstörung also bei Borderline-Patienten gesondert behandelt werden, oder lässt sich die Symptomatik der Essstörung nur innerhalb eines Gesamtbehandlungsplans der Borderline-Störung günstig beeinflussen?

Die Borderline-Störung wird oft von anderen psychischen Störungen begleitet.

Und wie ist dies bei einem Suizidversuch innerhalb einer schweren depressiven Episode, die ein Borderliner durchmacht? Ist er Folge der Borderline-Störung oder einer sie begleitenden Depression? Auch hier muss eine Entscheidung getroffen werden. Denn eine Depression erfordert eine antidepressive Behandlung.

Im Allgemeinen lässt sich diese Frage bisher nicht beantworten. Letztlich muss sie immer für den einzelnen Patienten, die einzelne Patientin entschieden werden. Wegen der möglicherweise weitreichenden Folgen selbstschädigenden Verhaltens ist diese Entscheidung aber von erheblicher Bedeutung.

Zusammenfassung

Die selbstschädigenden Verhaltensweisen bergen ein erhebliches Risiko für Leben und Gesundheit, denn sie können Folgen auf körperlicher als auch sozialer und psychischer Ebene nach sich ziehen. Inwieweit diese Symptome als eigenständige Erkrankung behandelt werden, muss für jeden Betroffenen individuell entschieden werden.

Selbstverletzungen

Es existiert eine weite Bandbreite selbstverletzender Verhaltensweisen. Sie reicht von kulturell akzeptiertem exzessivem Alkoholkonsum oder Zigarettenrauchen über bestimmte Initiationsriten in den so genannten primitiven Kulturen, die Praktiken schlagender Verbindungen und das heute so beliebte Tätowieren oder Piercing bis hin zu den Formen, die uns als Merkmale einer psychischen Störung gelten.

Wann die Grenze zur Krankheit überschritten ist wird letztlich durch eine kulturelle Übereinkunft bestimmt. Im konkreten Fall einer Diagnose wird dies anhand des Auftretens der Selbstverletzung im Zusammenhang mit einem bestimmten Krankheitsbild bestimmt.

Allen Selbstverletzungen gemeinsam ist die Beschädigung, Verletzung des eigenen Körpers, ohne im eigentlichen Sinn suizidal zu sein, also auf die Beendigung des eigenen Lebens zu zielen.

Vorsicht vor Fehleinschätzungen

Was hier für die Einordnung so klar unterschieden wird, stellt sich bei Borderlinern oft weniger eindeutig dar. Denn gerade bei den Selbstverletzungen, die sich Borderliner zufügen, ist das Risiko einer Selbsttötung nie ganz auszuschließen, da sie auch der Auftakt einer suizidalen Krise sein oder suizidale Krisen begleiten können. Um das Risiko einer Selbsttötung zu vermeiden, muss also auch bei Selbstverletzungen genauer nachgefragt werden. Betroffene müssen die Frage »Wollten Sie sterben?« klar verneinen können.

Annette

▶ Mit 15 habe ich begonnen, mich selbst zu verletzen. Ich verkroch mich in meinem Zimmer. Es war wie immer, die haben mich immer nur angebrüllt und dann die Türen zugeknallt. Immer haben sie am Anfang gesagt, sie würden mich verstehen, und dann? Nicht die blasseste Ahnung haben die! Ich habe mich in meinem Hochbett verkrochen. Wie von selbst begannen meine Hände einen spitzen Gegenstand zu suchen. Sie fanden eine Nagelschere. Vielleicht wollte ich nur einmal wissen, wie das ist. Doch dann sind da endlich die Schmerzen, aber die sind anders als die Schmerzen, die mir meine Eltern zugefügt haben. Ich sehe das Blut und habe das Gefühl, die Elternschmerzen endlich überwunden zu haben. Am nächsten Morgen habe ich meine Eltern angelogen, habe ihnen gesagt, dass ich mich im Schlaf wohl auf die Nagelschere gelegt hätte. Meine Mutter hat mich bloß angeschrien und gesagt, ich solle das Bett gefälligst selber sauber machen. ◀

Selbstverletzungen gleich Borderline-Störung?

Tatsächlich können Selbstverletzungen wie sich schneiden, ritzen und anderes über weite Phasen der Störung ganz in den Vordergrund und, da oft recht spektakulär und bedrohlich wirkend, auch zum Gegenstand der Hauptsorge werden. Für viele sind heute deshalb selbstschädigende Handlungen, vor allem Selbstverletzungen, zum »Markenzeichen« einer Borderline-Persönlichkeitsstörung geworden. Der Trugschluss, dass selbstbeschädigendes Verhalten mit dem Vorliegen einer Borderline-Störung gleichgesetzt werden kann, ist auch unter Fachleuten immer noch weit verbreitet. Aber Vorsicht: Nicht jede Selbstverletzung ist Symptom einer Borderline-Persönlichkeitsstörung und nicht jeder Borderliner verletzt sich selbst.

> Nicht alle Selbstverletzungen sind Symptom einer Borderline-Störung.

Selbstverletzendes Verhalten im Überblick

Selbstverletzende Handlungen, die sowohl bewusst-absichtlich als auch unbewusst in Episoden einer Bewusstseinsveränderung ausgeführt werden können, werden nach Art und Intensität des Auftretens unterschieden:

- stereotype, immer wiederkehrende Verhaltensmuster mit Selbstbeschädigung
- zwanghafte Formen der Selbstbeschädigung
- impulsive Formen der Selbstbeschädigung
- massive Selbstbeschädigungen mit schweren Verletzungsfolgen.

Chronisch selbstbeschädigendes Verhalten wie exzessiver Alkoholkonsum oder Zigarettenrauchen ist aus dieser Definition selbstverletzender Handlungen ausgeschlossen.

Von den aufgeführten Formen der Selbstbeschädigung weist nur die impulsive Form auf das Vorliegen einer Borderline-Persönlichkeitsstörung hin. Diese Form der Selbstverletzung ist zwar für die Borderline-Störung typisch, kommt aber auch im Rahmen anderer Persönlichkeitsstörungen vor, bei denen die Impulskontrolle beeinträchtigt ist. Auch aus der impulsiven Form der Selbstverletzung kann also nicht zwingend auf eine Borderline-Störung geschlossen werden. Zum Beispiel fügen sich auch Patienten mit einer posttraumatischen Belastungsstörung und mit Essstörungen solche impulsiven Selbstbeschädigungen zu.

 Borderline-Selbstverletzungen sind impulsiv, aber impulsive Selbstverletzungen müssen kein Borderline bedeuten.

Diese impulsiven Selbstbeschädigungen können isoliert oder wiederholt, häufiger auch ritualisiert oder immer in bestimmten Situationen auftreten.

Erscheinungsformen

Borderliner praktizieren selbstverletzendes Verhalten in den verschiedensten Formen. Die häufigste Form ist sicher das Schneiden mit scharfen Gegenständen, wie Rasierklingen, Messern und Scherben. Am häufigsten sind Schnittverletzungen an den Unterarmen, nicht selten in fast grafisch anmutender Anordnung. Der Gefährdungsgrad ist trotz der oft blutigen Verletzungen eher gering. Im Gegensatz beispielsweise zu Pulsaderschnitten in suizidaler Absicht sind schwerwiegende Verletzungsfolgen wie Nerven- oder Sehnendurchtrennungen selten.

Auch das Kopfschlagen oder Sich-selbst-Schlagen, Beißen in Hände, Lippen oder andere Körperteile kennen viele Betroffene. Manche fügen sich Verbrühungen oder Verbrennungen zu, etwa mit dem Ausdrücken von Zigaretten auf der Haut. Aber auch andere Selbstverletzungen kommen vor, das reicht bis hin zu fast bizarr anmutenden Formen.

Zu Anfang werden die Selbstverletzungen vor der Umgebung verheimlicht. Mit zunehmendem Verlauf der Störung jedoch lassen sich die Narben immer weniger verbergen.

Die Funktion der Selbstverletzung

Für Nicht-Borderliner ist der Akt einer Selbstverletzung schwer nachvollziehbar. Häufig geschehen Selbstverletzungen als Reaktion auf Ereignisse, die für Borderliner eine erhebliche Belastung darstellen. Dies sind z.B. drohende Trennung oder Zurückweisung oder die Erwartung, mehr Eigenverantwortung übernehmen zu müssen. Das von diesen Belastungen ausgelöste Gefühl, nicht mehr zu sein, auseinander zu brechen, sich aufzulösen, abzustürzen wird durch den körperlichen Schmerz durchbrochen. Auch zwanghaft auftretende innere Bilder, die häufig Elemente eines erlittenen seelischen Traumas als so genannte Flashbacks wieder vergegenwärtigen, werden durch Selbstverletzungen unterbrochen. In all diesen Fällen wirken Selbstverletzungen wie eine Art Notanker angesichts einer inneren Überlastung. Das Gefühl des Schmerzes entlastet und im Rahmen von dissoziativen Erfahrungen stellt es den Realitätsbezug wieder her.

Eine zweite Art der Entlastung durch Selbstverletzung erleben manche, wenn die Wut auf die eigene Person zu groß wird. Die Verletzung ist dann Selbstbestrafung, weil sie »wieder einmal« oder »wie immer« versagt haben, ihren eigenen hohen perfektionistischen Ansprüchen nicht genügt haben, »weil ich einfach grundlegend schlecht und böse bin, schlecht war und immer sein werde.« Diese Wut ist oft die Reaktion auf ein Leid, das ihnen selbst angetan wurde. Dadurch, dass sie sich nun, fehlgeleitet in einer Wendung gegen die eigene Person, gegen die eigene Schlechtigkeit richtet, kann sich der Betroffene immer und immer wieder rächen. Er muss nicht die Aggression dessen fürchten, an dem er sich eigentlich rächen müsste.

Selbstverletzungen können eine Entlastung sein.

Borderliner selbst beschreiben ihre Selbstverletzungen oft als Versuch, dem unerträglichen inneren Druck, der sie zum »Platzen« zu bringen droht, ein Ventil zu schaffen. Andere erleben sie auch als »Markenzeichen«, als Beweis dafür, etwas Besonderes zu sein, was immer noch besser ist als Nichts zu sein. Manchen dienen sie als Zeichen des Triumphes über den Schmerz oder die Feigheit. Wer ständig fürchten muss, die Kontrolle über sich zu verlieren, kann hier zeigen, wer nun wirklich »Herr im Hause« ist.

Neben diesen unterschiedlichsten Funktionen, mit sich selbst wieder ins Reine zu kommen – der so genannten innerpsychischen Bedeutung von Selbstverletzungen – können sie auch durchaus eine interpersonelle Funktion haben, also an andere gerichtet sein. Sie dienen dann als »Sprache« oder besser Ersatz für Sprache. Man spricht dann vom Appellcharakter der Selbstverletzungen. In einem solchen Fall signalisieren Selbstverletzungen wortlos einen Zustand, über den man noch nicht sprechen kann. Vielleicht kann ein solcher Zustand tatsächlich nicht in Worte gefasst werden, weil er aus einer Zeit stammt, in der die Betroffenen noch nicht über Sprache verfügten, mit der sie ihn hätten beschreiben können. Angehörige erfahren in diesen Fällen immer wieder, dass sie diese »Sprache« gar nicht richtig verstehen oder dass sie so Widersprüchliches ausdrückt, dass sie ohne Hilfe eines therapeutischen »Dolmetschers« vielleicht für immer unverständlich bleiben muss.

Selbstverletzungen können Appell an andere sein.

Borderliner erleben die Angst, das Entsetzen und auch die Verärgerung, die dieses Verhalten in der Umgebung auslöst und sie entwickeln immer mehr die Fähigkeit, dieses Verhalten auch durchaus manipulativ einzusetzen. Aus der gefühlten Hilflosigkeit und Ohnmacht wird Macht.

Benno

▶ »Die machen immer ganz schönen Wirbel, wenn wieder was passiert ist. Da kommen sie ganz schön in Trab. Einer muss mich verbinden, der andere rennt zum Telefon, um einen Chirurgen zu rufen, und die kleine Schwesternschülerin hat schon richtig Angst vor mir. Den Arzt rufen sie auch immer aus der Visite heraus, dann kann er endlich nicht mehr sagen, dass wir erst Ende der Woche den nächsten Gesprächstermin haben.« ◀

Was tun? Spezifische Therapieangebote bei Selbstverletzungen

Die Selbstverletzungen stehen im Mittelpunkt der Borderline-Therapie nach M. Linehan (siehe S. 91). Diese Behandlungsform ist also eigentlich eine Behandlung der Selbstverletzung innerhalb einer Borderline-Störung. Auch in der Themenhierarchie der übertragungsfokussierten Psychotherapie (siehe S. 103) werden Selbstverletzungen vorrangig im therapeutischen Prozess behandelt. Leider ist es bis zu einer solchen störungsspezifischen Behandlung meist noch ein weiter Weg – unter anderem deshalb, weil Borderliner, die sich selbst verletzen, oft wenig motiviert sind, von sich aus deswegen Hilfe in Anspruch zu nehmen. Sie sind dann auf die Hilfe von Angehörigen, Freunden, Partnern angewiesen, die meist zufällig von den Selbstverletzungen Kenntnis erlangen.

Wer sich selbst verletzt, braucht dringend psychotherapeutische Hilfe.

Aber: Offenkundig gewordene Selbstverletzungen sollten immer Anlass sein, professionelle Helfer aufzusuchen. Dabei kann es vorrangig um die Wundversorgung gehen. Auf eine weitergehende psychodiagnostische Abklärung sollte aber gedrängt werden. Deshalb dürfen sich Freunde oder Angehörige auf keinen Fall verleiten lassen, die häufigen Lügen (»Ich habe mich beim Öffnen einer Konservendose geschnitten«) mitzutragen. Auch wenn es schwer fällt: Wenn der Betroffene es selbst nicht schafft, müssen die Angehörigen die Wahrheit sagen. Manchmal wird man zwar auch dann auf Gleichgültigkeit und Zurückweisung stoßen: Die Bedeutung von Selbstverletzungen innerhalb dieser seelischen Störung ist leider auch bei manchen professionellen Helfern noch nicht ausreichend bekannt. Ein erster Schritt ist jedoch getan. Besonders im Krankenhaus, in dem die Wundversorgung stattfand, ist die Chance groß, dass ein Kontakt zur dortigen psychiatrischen Abteilung, zum psychiatrischen Konsiliardienst oder zum psychologischen Dienst hergestellt wird.

Zusammenfassung

Selbstverletzungen können bei Borderlinern manchmal ganz in den Vordergrund treten, u.a. als Schnittverletzungen der Unterarme. Das Sichzufügen von Verletzungen ist aber nicht identisch mit der Borderline-Störung. Selbstverletzungen dienen oft der Wiederherstellung des Realitätsbezugs in für Borderliner extrem belastenden, als überwältigend erlebten Situationen, als Form der Selbstbestrafung oder als Mitteilung an die Umgebung. Bei Selbstverletzungen sollte möglichst immer psychotherapeutische Betreuung gesucht werden.
Von Selbstverletzungen zu unterscheiden sind Selbsttötungsversuche (siehe Suizidalität).

Sucht und Abhängigkeit

Anja

▶ »Lebe ich oder werde ich gelebt? Warum kann ich nicht einfach so vor mich hin leben? Warum muss ich dieses Suchtkrüppel-Leben führen? Warum betrinke ich mich bis mir schlecht ist? Warum rauche ich, bis mir der Hals schmerzt? Warum schlucke ich nur irgendwelche Tabletten, nur weil ich nicht allein sein kann und die Angst aufsteigt? Und wenn es dann ruhig wird, dann nur für kurze Zeit, und dann ist da wieder diese große Leere, dieses Nichts.« ◀

Was ist Sucht und wie entsteht sie?

Man unterscheidet zwischen Suchtstoffen, die körperlich abhängig machen und solchen, die eine psychische Abhängigkeit erzeugen. Bei der körperlichen Abhängigkeit hat sich der Körper, speziell das Gehirn, auf den jeweiligen Suchtstoff eingestellt. Um zu funktionieren, braucht der Körper den Suchtstoff, und zwar immer mehr! Fehlt dieser, kommt es zu deutlichen körperlichen Entzugserscheinungen.

Bei einer psychischen Abhängigkeit herrscht der unwiderstehliche Wunsch, die positiv empfundenen psychischen Veränderungen ständig wiederherzustellen. Eine psychische Abhängigkeit kann nicht nur von Drogen erzeugt werden, sondern von einer ganzen Reihe von Tätigkeiten. Die Spielsucht ist ein Beispiel. Auch Sexualität und Arbeit können Menschen süchtig machen.

Beiden Formen der Sucht gemeinsam ist ein nicht mehr kontrollierbarer, übermächtiger Drang. Diesem nachzukommen wird alles andere unterworfen. Im weiteren Verlauf kommt es zur fortschreitenden Vernachlässigung beinahe aller Lebensbereiche. Abhängige können selbst dann nicht einfach aufhören, wenn sie mit eindeutig negativen Folgen konfrontiert werden. Dies können schwerwiegende körperliche Folgen wie Leber- und andere Organschädigungen, Depression, aber auch Führerscheinentzug, Partner- oder Arbeitsplatzverlust sein.

Eine wichtige Unterform selbstschädigenden Verhaltens sind Suchterkrankungen. Allen Formen der Sucht gemeinsam ist, dass dem Streben nach dem Suchtstoff oder der Suchttätigkeit **alles andere unterworfen**

Sowohl körperliche als auch seelische Abhängigkeit kann Leben zerstören.

wird. Und auch hier gilt: Viele Suchterkrankungen sind Teil einer psychischen Störung. Aber bei etwa der Hälfte aller anderen Suchtkranken besteht auch eine Persönlichkeitsstörung.

Schädlicher Gebrauch von Suchtstoffen

Von einer Abhängigkeit im engeren Sinne muss der schädliche Gebrauch von Suchtstoffen abgegrenzt werden. Bedingt durch den ständigen Wechsel ihrer Symptome gebrauchen Borderliner Suchtstoffe oft nur zeitweise, solange sie sich gerade in der entsprechenden Verfassung befinden. Zwar kommt es bei einem solchen sporadischem Gebrauch von Suchtstoffen selten zu einer Suchtentwicklung. Gesundheitliche Schäden auf körperlichem oder seelischem Gebiet sind jedoch nicht auszuschließen.

Die Funktion des Suchtverhaltens

Gefühle von innerer Leere, Langeweile und Motivationslosigkeit, Spannung und Depressivität können unter dem Einfluss einer Droge in ihr Gegenteil umschlagen: Ein Empfinden von Vitalität, Mächtigkeit und Glück stellt sich ein, wenn auch nur für die kurze Zeit der Drogenwirkung. Deshalb ist die Gefahr einer psychischen Abhängigkeit, unabhängig von einer körperlichen Suchtentwicklung, gerade bei Borderline-Patienten hoch. Manche Experten vertreten die Auffassung, dass die Hinwendung zu Suchtstoffen bei Borderline-Patienten auch Züge eines Selbstbehandlungsversuches haben kann.

Zur Häufigkeit

Fast die Hälfte aller Borderline-Patienten bekommt im Verlauf der Störung Probleme mit illegalen Drogen oder Alkohol. Umgekehrt hat etwa jeder zweite Nutzer einer Einrichtung der Suchthilfe eine Persönlichkeitsstörung, davon wieder hat rund ein Drittel eine Borderline-Störung. Es besteht also ein enger Zusammenhang zwischen Borderline-Störung und Sucht.

Was tun? Spezielle Behandlungsformen bei Suchterkrankungen

Für Betroffene mit einer Borderline-Störung gilt dasselbe wie für alle Süchtigen: Zusätzlich zu anderen therapeutischen Maßnahmen, die die Grundstörung betreffen, müssen alle Einrichtungen der Suchthilfe genutzt werden: Dazu gehören

- ein Klinikaufenthalt, der den möglicherweise notwendigen körperlichen Entzug, die Entgiftung, zum Ziel hat
- eine ambulante oder stationäre Entwöhnungsbehandlung mit den verschiedenen milieu- und psychotherapeutischen Behandlungsformen
- im Einzelfall eine längere ambulante Psychotherapie im Anschluss, bei der es auch um das Erlernen anderer Verhaltensweisen und Bewältigungsstrategien geht
- und bei Bedarf auch eine kontinuierliche psychosoziale Betreuung durch eine Drogenberatungsstelle (Adressen erfahren Sie beim Gesundheitsamt).

Wissenschaftliche Untersuchungen konnten zeigen, dass Borderline-Betroffene mit Suchtproblemen von diesen etablierten Angeboten der Suchthilfe gut profitieren und gegenüber Suchtkranken ohne Persönlichkeitsstörung keine Nachteile haben.

Zusammenfassung

Durch ihr Gefühl innerer Leere sind Borderliner besonders anfällig für die von Drogen hervorgerufenen kurzzeitigen Glückserlebnisse. Sie geraten daher sehr schnell in psychische Abhängigkeit, noch bevor eine körperliche Abhängigkeit eintritt.
Behandelt werden Suchterkrankungen bei Borderlinern wie bei anderen Suchtkranken, d.h. mit einer mehrstufigen Therapie aus Entgiftung, Entwöhnung, Psychotherapie und Betreuung.

Essstörungen

Essstörungen begleiten sehr häufig eine Borderline-Störung. Sie gehören als Merkmale der Störung zum impulsiven selbstschädigenden Verhalten. Vor allem Frauen sind betroffen. Unter Borderlinern sind es vor allem die »Esssucht« und die »Ess-Brech-Sucht«, die als typische Impulskontrollstörungen zum Problem werden. Aber auch die Magersucht kann, wenn auch eher selten, im Zusammenhang mit einer Borderline-Störung vorkommen.

Esssucht mit Übergewicht

Tanja

► Immer am Wochenende ist es besonders schlimm. Die anderen sind in der Disco – ich sitze zu Hause. Ja, ich mache es mir dann gemütlich, schaue fern und knabbere so vor mich hin. Wäre ja nichts dagegen einzuwenden, wenn ich nicht zwei Chips-Tüten oder eine Pralinenschachtel »fressen« würde. Und dann blättere ich in Zeitschriften, sehe die tollen superschlanken Stars und bin fertig mit mir. Und je dreckiger es mir geht, desto mehr fresse ich. Nur wenn ich verliebt bin, schaffe ich es abzunehmen. Dann vergesse ich das Essen, gehe ins Fitness-Studio, esse überhaupt nichts und fühle mich supergut – bis wieder meine Fressphase kommt. ◄

Essen als Trost und Ausgleich zu verwenden, ist natürlich sehr weit verbreitet. Mit dem Essen lassen sich Gefühle wie Ärger, Traurigkeit und Enttäuschung manchmal einfach »hinunterschlucken«. Zum Problem wird dies, wenn andere Möglichkeiten, mit schlimmen Gefühlen umzugehen, vielleicht gar nicht zur Verfügung stehen und das Essen zur Sucht wird. Experten schätzen, dass dies bei jeder vierten stark übergewichtigen Frau der Fall ist.

Auch bei einer Borderline-Störung kann sich Essen zur Sucht entwickeln. Es erfüllt dann dieselben Funktionen wie schon bei den Suchterkrankungen beschrieben: Übermäßiges Essen dient dazu, mit Gefühlen von innerer Leere oder Zurückgewiesen-Werden fertig zu werden. Eine Esssucht liegt vor, wenn keine Kontrolle über die Nahrungsaufnahme mehr möglich ist. Vor al-

Essen soll die innere Leere ausfüllen.

lem bei Frauen mit einer Borderline-Störung kommt solches Essverhalten häufig phasenweise vor. Ein Auf und Ab im Gewicht ist die Folge. Die negativen, oft diskriminierenden Reaktionen der Umgebung verstärken dann die Minderwertigkeitsgefühle, die Gefühle der Einsamkeit. Trost und Ablenkung bietet wiederum das Essen – der Teufelskreis schließt sich.

Esssucht mit Übergewicht – Hinweise und Symptome

- Wiederkehrende Episoden von Heißhungeranfällen, das heißt mindestens zwei pro Woche und dies über sechs Monate. Diese Anfälle werden als zwanghaft und unkontrollierbar erlebt. Nach dem Anfall stellen sich Unbehagen, Schuldgefühle, Depressionen und Selbstvorwürfe ein.
- Mindestens drei der folgenden Merkmale:
  - übermäßig schnelles Essen, Herunterschlingen von Speisen
  - Essen bis zu einem unangenehmen Völlegefühl
  - Essen ohne Hungergefühl
  - von Schamgefühlen bestimmtes Allein-Essen
  - Ekelgefühle nach dem Essen

Bulimia nervosa – Ess-Brech-Sucht

Anna

▶ Stellen Sie sich vor, Sie würden mehrere Literpackungen Eiscreme in sich hineinstopfen, danach zum Bäcker laufen und sich noch acht süße Stückchen besorgen, um das Ganze dann noch mit einigen Schokoladeriegeln abzuschließen; danach gehen Sie auf die Toilette und erbrechen im Schwall, weil Sie sich immer wieder den Finger in den Hals stecken, bis der Brechreiz eintritt. So ist es mir heute Vormittag gegangen! Dabei fing der Tag so gut an. Ich hatte es gestern Abend, als ich mit Carsten unterwegs war, tatsächlich geschafft, nur zwei Prosecco zu trinken. Heute Nacht dachte ich zwar an nichts anderes als den Kühlschrank – aber Carsten war ja da – und als ich dann heute früh auf der Waage stand und abgenommen hatte, fühlte ich mich so super. Aber kaum war Carsten weg, musste ich ans Eisfach – es war wie ein Magnet, dessen Anziehungskraft ich einfach nicht überwinden konnte! Ich hasse mich, ich hasse mich! ◄

Auch bei einer Bulimie sind »Fress-Attacken« typisch. Bevorzugte Speisen sind weiche, süße und hochkalorische Produkte. Eigentlich sind dies für bulimische Frauen (die Erkrankung tritt relativ selten bei Männern auf) ganz und gar »verbotene« Dinge, weil ihnen die Kontrolle des Körpergewichts außerordentlich wichtig ist. Durch das Erbrechen soll diese Kalorienaufnahme daher wieder ungeschehen gemacht werden. Auch Abführmittel dienen diesem Ziel. Wie andere Esssüchtige leiden auch Bulimikerinnen stark unter der Erfahrung des Kontrollverlustes. Sie erleben sich als schwach, unfähig und ausgeliefert, wertlos. Emotionale Krisen sind vorprogrammiert.

Das provozierte Erbrechen kann zu schweren gesundheitlichen Problemen führen. Diese sind z.B. Haarausfall durch Elektrolytmangel, Kreislaufprobleme und Herzrhythmusstörungen durch Calcium- und Magnesiummangel, blutende Einrisse in Speiseröhre und Magenschleimhaut. Zahnschäden sind häufig.

Bulimie – Hinweise und Symptome

- Mindestens zwei Essattacken pro Woche über mindestens zwei Monate. Dabei werden große Mengen leicht verzehrbarer und stark kalorienhaltiger Lebensmittel verschlungen.
- Das Essverhalten kann während der Attacke nicht mehr kontrolliert werden.
- Im Anschluss versuchen Betroffene mit herbeigeführtem Erbrechen, Abführ- oder Entwässerungstabletten oder strengen Diäten die Kalorienaufnahme und damit den Kontrollverlust ungeschehen zu machen.

Anorexia nervosa – Magersucht

Auch die Magersucht kann, allerdings seltener, ein Symptom einer Borderline-Störung sein. Nicht selten wechseln sich anorektische und bulimische Phasen ab. Abnehmen ist bei vielen Menschen ein gelegentlicher Versuch, einem aktuellen Schlankheitsideal zu entsprechen. Zur Störung Magersucht wird dieses Verhalten, wenn das Abnehmen zur Sucht geworden ist. Magersüchtige können nicht mehr aufhören. Sie sind vom Gefühl beherrscht, »zu fett« zu sein. Ihr Körperbild ist extrem gestört. Oft wird das Hungern durch exzessives körperliches Training »unterstützt«, um den Gewichtsverlust zu beschleunigen. Anorektiker empfinden durchaus Hunger, sie leiden unter ihm, aber sie empfinden Stolz, das starke Hungergefühl kontrollieren zu können. Die Risiken der Anorexie sind beträchtlich. Probleme entstehen vor allem durch die sich entwickelnde Störung der Hormonproduktion: Die Menstruation hört auf, die Schilddrüse produziert zuwenig Hormone. Die Folge: der Blutdruck sinkt ab, der Stoffwechsel verlangsamt sich, Blutarmut, Schlafstörungen und Depressionen stellen sich ein. Die Anorexia nervosa ist eine lebensbedrohliche Erkrankung: 10 Prozent aller Magersüchtigen sterben an dieser Erkrankung, bei 30 Prozent nimmt sie einen ins Erwachsenenalter hinüberreichenden chronischen Verlauf.

Anorexia nervosa – Hinweise und Symptome

- Gewichtsverlust von 20 Prozent und mehr des Ausgangsgewichtes in relativ kurzer Zeit (ca. 3 Monate).
- Der Gewichtsverlust wird herbeigeführt durch Hungern, Kalorienreduzierung, aktiv herbeigeführtes Erbrechen und Missbrauch von Abführmitteln.
- Er wird unterstützt durch exzessive körperliche Aktivität wie beispielsweise Ausdauersportarten.
- Angst vor Gewichtszunahme
- Ständige gedankliche Beschäftigung mit der eigenen Figur und dem Gefühl, zu dick zu sein
- Perfektionismus und Leistungsbereitschaft in allen Lebensbereichen
- Mangel an Krankheitseinsicht: Betroffene finden ihre körperlichen Veränderungen »ganz normal«.

Was tun? Spezielle Therapieangebote bei Essstörungen

Heute wird bei allen Essstörungen eine Kombination verschiedener Therapieansätze empfohlen. Sie können im Einzelnen beinhalten:

- eine konkrete Ernährungsberatung, Hilfestellungen beim Essen (zum Beispiel durch Aufstellen eines Essenplanes oder einem »Modellessen« mit Betreuern), die Überwachung der Nahrungszufuhr bis hin zur Zwangsernährung,
- sozialtherapeutische Unterstützung,
- medikamentöse Therapie – auch zur Behandlung der Folgeerscheinungen,
- immer auch eine langfristige Psychotherapie.

Tritt die Essstörung innerhalb einer Borderline-Störung auf, werden die Therapiemethoden dahingehend gewichtet und ausgewählt. Auch die familiäre und soziale Situation spielt beim Erarbeiten des Therapieplans eine große Rolle.

Vor allem bei der Behandlung der Esssucht und der Bulimie werden heute auch Antidepressiva aus der Gruppe der Wiederaufnahmehemmer (siehe S. 119) mit gutem Erfolg eingesetzt. Sie helfen, die Anzahl der Essattacken und damit auch das folgende Erbrechen zu reduzieren und vermindern so körperliche Folgeerscheinungen der Essstörung.

Zusammenfassung

Essstörungen begleiten besonders bei Frauen häufig die Borderline-Störung. Esssucht und Ess-Brech-Sucht sind durch die gestörte Impulskontrolle typische Borderline-Symptome. Seltener tritt Magersucht auf. Alle Essstörungen gefährden die Gesundheit. Essstörungen sollten eigenständig mit einer vom Einzelfall abhängigen Kombination von Methoden behandelt werden. Dazu können u.a. Ernährungsberatung und -hilfe, Medikamente und Psychotherapie gehören.

»Ich kann nicht mehr« – Suizidalität und Suizid

Anke

▶ Einmal hätte es beinahe geklappt. Das war auf einer Fete. Ich hatte die Schachtel dabei, wusste, heute wird es passieren. Eigentlich war ich gut drauf. Ich wusste ja, was ich zu tun hatte. Ich hab' dann zwischendurch die halbe Schachtel so nach und nach mit Wodka-Lemon hinunter gespült. Hat keiner gemerkt – tja, und als ich dann anfing zu torkeln, kam mein Freund und nahm mich in den Arm – und da hab ich plötzlich Panik gekriegt und hab's ihm erzählt. ◀

Den Endpunkt selbstschädigenden Verhaltens bildet die Suizidalität und als ihre Konsequenz die Selbsttötung, der Suizid. Dieses Risiko der Borderline-Störung muss immer mit bedacht werden. Tatsächlich beträgt die Sterberate durch Selbsttötung je nach wissenschaftlicher Studie 5 bis 10 Prozent. Die Lebensphase mit dem höchsten Risiko liegt für Betroffene gegen Ende des dritten Lebensjahrzehnts. Von einer wie auch immer gearteten Gefährdung sprechen alle Menschen mit einer Borderline-Störung hin und wieder.

Suizidalität – wie sie sich äußert

Zum Komplex der Suizidalität gehören die folgenden Denk- und Handlungsebenen:

- Suizidgedanken: Gedanken, Ideen und Phantasien, die immer um das eine Thema kreisen: »Was wäre, wenn ich mich umbrächte? Wie würde ich das tun? Soll ich nicht einfach?« Diese Gedanken werden möglicherweise bewusst heraufbeschworen, jedoch drängen sie sich häufig auch auf unabweisbare Weise auf.
- Suizidale Gesten: Sie sollen, beabsichtigt oder unbeabsichtigt, die Umwelt auf Suizidgedanken aufmerksam machen.
- Suizidversuche: Sie können ein misslungener Suizid sein, also tatsächlich den Tod beabsichtigt haben. Als so genannte »parasuizidale Handlung« dagegen enthalten sie keine Tötungsabsicht, werden von der Umwelt aber als Suizidversuch verstanden. Oft sollen sie auch so gesehen werden.
- Suizid: Die Selbsttötung, die gelingt und irreversibel ist.

Zur Suizidalität gehört auch der Todeswunsch, der viele Borderliner lange begleitet, ohne vielleicht je zu konkreten Suizidphantasien, suizidalen Gesten oder Handlungen zu führen. Dieser Todeswunsch ist die Grundlage jeder Suizidalität und das wichtigste Unterscheidungsmerkmal zwischen Suizidversuch und Selbstschädigungen und Selbstverletzungen.

Suizidalität und das Problem des freien Willens

Von Laien wird ein Suizid gerne als eine bewusste Tat, als Ausdruck menschlicher Freiheit gesehen. Ist ein Suizid nicht eine freie Entscheidung? Zieht ein Mensch, der in seinem Leben das Negative überwiegen sieht, nicht den richtigen Schluss?

Dem ist nicht so: Suizide sind höchst selten das Ergebnis einer freien Entscheidung. Suizidalität ist fast immer ein Symptom einer psychischen Störung, deren Behandlung möglich und notwendig ist. Und fast alle, die einen Suizidversuch überlebt haben, sind nach dem Abklingen der dahinter stehenden Symptomatik froh, noch am Leben zu sein.

Was kann eine Selbsttötung auslösen?

Suizidalität und Stress – Auslöser

Wissenschaftler, die sich mit den psychologischen Voraussetzungen von Selbsttötungen beschäftigen, sehen eine nicht mehr zu bewältigende Stressbelastung als eine der Hauptursachen für Suizide an. Was als Stress erlebt wird, welche Möglichkeiten ein Mensch hat, mit Stress umzugehen, kann nur individuell betrachtet werden. Jeder hat seine individuelle bio-psycho-soziale Verletzlichkeit – **Vulnerabilität** –, die sich aus

- der genetischen Ausstattung,
- der bisherigen Lebensgeschichte,
- der augenblicklichen körperlichen und seelischen Verfassung,
- der gegenwärtigen Lebenssituation,
- dem augenblicklichen sozialen Netzwerk und
- der Hilfe, die aus diesem sozialen Netzwerk erwartet werden kann,

ergibt. Diese Vulnerabilität lässt Betroffene hin und wieder Ereignisse und Erfahrungen als zerstörerisch und nicht mehr erträglich erleben und ihn das »Schluss-Machen« plötzlich als einzigen Ausweg sehen.

Sina

▶ Warum ich die Tabletten genommen habe? – Ich weiß inzwischen, was passiert ist – in mir, meine ich. Da war mein Professor, der hat mich plötzlich sehr merkwürdig angefasst, merkwürdig deshalb: ich spürte gleich, was der wollte, kriegte die Panik, konnte aber nicht weg, der ist doch mein Prüfer! Ja, es kam dann jemand rein, das Ganze war zu Ende. ... Ich denke, für jeden ist das Stress, aber mich hat es umgeworfen. Ich habe nur noch Panik geschoben, bin noch ganz normal raus, musste dann kotzen, bin nach Hause gerannt, hab geheult, geheult und – ich weiß nicht, alles war wieder da, vor allem die Gefühle, ich weiß ja, was damals mit mir passiert ist, als Mutter wieder heiratete. Es ist ja eigentlich alles geklärt ..., aber ... Jedenfalls habe ich meine Therapeutin angerufen, da war nur der Anrufbeantworter – nicht mal ihre Stimme, irgendeine Stimme, die ich noch nie gehört hatte. Ich war so wütend, dass sie nicht da war, nie ist sie da, wenn ich sie brauche! Tja, da ist es passiert. ◀

Betrachtet man die Borderline-Störung im Zusammenhang mit diesem »Stress-Modell«, so wird klar, dass die Suizidgefährdung in manchen Phasen der Störung sehr groß werden kann. Denn die Vulnerabilität eines Borderliners ist enorm, seine Stresstoleranz ist gering: Auf dieser Grundlage gerät sehr vieles zu einer Belastung, die nicht mehr bewältigt werden kann.

Suizidalität und Depression

Depressive Phasen sind häufige Begleiter einer Borderline-Störung. Und sie sind besonders gefährlich. Denn sie beeinträchtigen die Fähigkeit eines Borderliners extrem, seine möglicherweise sowieso immer vorhandenen Suizidimpulse zu kontrollieren. Das depressive Weltbild liefert letztlich die Berechtigung, Schluss zu machen. Denn alles ist ja sinnlos, freudlos und schwarz. »Ich selbst bin und kann nichts und bin an allem schuld.« Wenn ein Mensch von solchen Gedanken des Lebensüberdrusses, der Leere und Sinnlosigkeit gequält wird, wenn er erlebt, dass diese Gedanken immer mehr Raum einnehmen und er sich nicht mehr davon lösen kann – Psychiater bezeichnen dieses Stadium als suizidale Einengung – erscheint das Schlussmachen (meist nicht der Tod) oft als letzter Ausweg. Die Suizidphantasien münden in erste Aktivitäten (zum Beispiel das Sammeln von Schlaftabletten oder das Prüfen von Treppenhäusern und Hochhäusern). Das innere Bild des Ablaufs einer Selbsttötung konkretisiert sich. Oft genügt dann ein unter anderen Umständen nichtiger Auslöser, ein unnötiger Streit mit dem Partner, ein Misserfolgserlebnis oder reale oder eingebildete Zurückweisung, damit aus einer Kleinigkeit das endgültige »Zuviel« werden kann.

Was tun? Spezielle Behandlungserfordernisse

Die Suizidalität eines Borderliners und seine möglicherweise akute Gefährdung zu erkennen, zu erspüren, ist die schwierige Aufgabe der Angehörigen, Freunde, Bekannten, Kollegen (s. Kap. Angehörige …).

Bei jedem Verdacht eines drohenden Suizids ist professionelle Hilfe nötig! Wenn diese Befürchtungen hegen, besteht immer akuter Handlungsbedarf. Denn die letzte Konsequenz der Suizidalität ist die Selbsttötung, die es zu verhindern gilt. Selten reichen dann die Anstrengungen der Angehörigen aus. Professionelle Hilfe wird notwendig – in akuten Fällen möglicherweise auch gegen den Willen dessen, der suizidgefährdet ist.

Spätestens, wenn die Suizidalität offenbar geworden ist, sollte eine Therapie begonnen werden. Wie diese im Einzelnen aussieht, hängt vom Hintergrund der Suizidalität ab. Innerhalb einer depressiven Episode ist sie anders zu behandeln als eine Suizidalität, bei der ein ähnlicher »Appellcharakter« zu vermuten ist, der auch manche Selbstverletzungen kennzeichnet. Und wieder anderes Einschreiten ist erforderlich, wenn ein dissoziativer Zustand, d.h. eine Ablösung von der Realität, droht.

Ähnlich ist bei erfolgten Suizidversuchen vorzugehen. Auch hier muss nach der eventuell notwendigen organmedizinischen Behandlung (Wundversorgung, Ausnüchterung, Entgiftung) immer genau abgeklärt werden, was in dieser Situation zu diesem Suizidversuch geführt hat. Erst danach kann ein Behandlungsplan aufgestellt werden, der sich danach richtet, welches Problem oder welche Begleitstörung im Zentrum der Behandlung stehen muss. Ein Beispiel: Suizidversuche, die gewissermaßen als Folge der Impulskontrollstörung »passiert« sind, erfordern einen anderen therapeutischen Eingriff als ein Suizidversuch, der den vorläufigen Endpunkt einer langen depressiven Periode darstellt, oder auch ein Suizidversuch nach einer Trennung.

Zusammenfassung

Suizidalität ist an verschiedenen Punkten zu erkennen: die Gedanken kreisen um das Thema, Betroffene geben ihrer Umgebung Hinweise und sie führen den Versuch tatsächlich durch. Dabei sind Suizidversuche nicht zwangsläufig mit einer wirklichen Tötungsabsicht verbunden, auch sie können Appellcharakter haben. Die Therapie sollte immer sofort eingeleitet werden, sobald Suizidalität in irgendeiner Form offenbar wird. Sie orientiert sich in ihrem Vorgehen am spezifischen Hintergrund dieser Handlungen, die durchaus sehr verschieden sein können.

Die Behandlungsmöglichkeiten der Borderline-Störung

Ebenso wenig wie es die *eine* Borderline-Störung gibt, gibt es *die* Behandlungsmethode der Borderline-Störung. Vielmehr werden die unterschiedlichsten Methoden eingesetzt, deren Wahl sich nach Symptomatik und Schweregrad bestimmt.

Psychotherapie – ein Methodenüberblick

Conny

▶ Meine Tochter ist nun seit einem Jahr in Psychotherapie. Zuerst war sie begeistert, dann wollte sie abbrechen, weil der Therapeut so eingebildet sei. Immer wieder »vergisst« sie die Therapiestunden. Dann muss ich das Ausfallhonorar bezahlen. Denn die Krankenkasse übernimmt ja nicht die Kosten für Stunden, die nicht stattfinden. Aber trotzdem: Ich glaube, die Therapie tut ihr gut. Sie kommt meist erleichtert zurück und wirkt dann auch ausgeglichener. Die depressiven Zustände, die damals auch zu ihrem Selbstmordversuch geführt haben, sind jedenfalls fast ganz verschwunden. Was unsere Familie immer noch sehr belastet, sind ihre Wutanfälle. Aber vielleicht kriegt sie die auch noch in den Griff. Sie soll jetzt auch Medikamente dagegen einnehmen, sagt ihr Psychiater. ◀

Der Schwerpunkt der Borderline-Behandlung liegt bei der Psychotherapie. Der Schwerpunkt bei der Behandlung der Borderline-Störung liegt auf psychotherapeutischem Gebiet. Psychotherapie versucht, einen grundsätzlichen Einstellungswandel bei den Betroffenen zu bewirken, ihre Anpassungs- und Bewältigungsstrategien zu verbessern und letztlich die Störung zu überwinden.

In der wissenschaftlichen Literatur sind mehrere hundert verschiedene Psychotherapieformen dokumentiert. Unter dem Gesichtspunkt der Kostenübernahme durch die Krankenkassen kommen in Deutschland nur die beiden Hauptverfahren Verhaltenstherapie und Tiefenpsychologie infrage. Diese beiden Verfahren werden im folgenden kurzen Abriss dargestellt:

Verhaltenstherapie

Die Verhaltenstherapie und vor allem die kognitive Verhaltenstherapie, die in der Behandlung der Borderline-Störung die größte Rolle spielt, gehören neben der Psychoanalyse, beziehungsweise Tiefenpsychologie zu den beiden im Psychotherapeuten- und Sozialgesetz anerkannten und gegenüber den Krankenkassen abrechnungsfähigen Psychotherapieformen.

Grundannahmen

- Die Verhaltenstherapie geht von der Grundannahme aus, dass jedes Verhalten nach gleichen Prinzipien erlernt, aufrechterhalten und auch wieder »verlernt« werden kann. Unter »Verhalten« wird dabei mittlerweile nicht nur das beobachtbare äußere Verhalten (wie der Begriff annehmen lässt) verstanden, sondern entscheidend auch innere Prozesse wie unsere Gefühle, unser Denken, unsere Einstellungen und körperlichen Regulationsvorgänge.
- Die Lebensgeschichte und die genetische Ausstattung prägen den Menschen ebenso wie seine aktuelle familiäre Situation, die gegenwärtigen Umwelteinflüsse und gesellschaftlichen Bedingungen.
- Die Auseinandersetzung mit der Umwelt erfordert täglich neue Lern- und Anpassungsleistungen.
- Wohlbefinden entsteht, wenn diese Leistungen gelingen. Seelische Störungen dagegen entstehen, wenn die eigenen Fähigkeiten nicht ausreichen, wesentliche Bedürfnisse wie Sicherheit, befriedigende Beziehungen und Autonomie zu erfüllen.
- Stress, ein emotional belastendes Familienklima oder soziale Überforderung können dazu beitragen, dass ein Mensch seine Flexibilität verliert. Dann misslingen seine Lernprozesse.
- Symptome oder Probleme, die daraus entstehen, werden als gesunde Lebenssignale betrachtet. Sie dürfen deshalb nicht kurzfristig »beseitigt« werden, um das innere Gleichgewicht nicht zu zerstören.
- Die Wirkung der Verhaltenstherapie besteht darin, auf das Selbsthilfepotenzial des Betroffenen aufbauend Lernprozesse in Gang zu setzen, die dazu führen, falsch Gelerntes, das sich oft in unbewusst ablaufenden Verhaltensmustern, die nicht effektiv sind, zeigt, zu ändern. Dabei geht es darum, vorhandene Talente und Möglichkeiten zu entdecken, damit der Patient als sein eigener »Experte« die Verantwortung für seine Therapie übernehmen kann.
- Der Aufbau einer tragfähigen Beziehung ist die Grundvoraussetzung für diesen Prozess.

Ziel der Therapie ist es, dass der Patient irgendwann sein eigener Therapeut werden kann, d.h. er soll durch die Therapie in die Lage versetzt werden, in seinem Alltag neue Verhaltensmöglichkeiten zu erkennen und aktiv zu erproben.

Die Therapie findet im Gespräch, aber auch mit praktischen Übungen als Einzel- oder Gruppenbehandlung statt. Verhaltenstherapie hat ihren Nutzen bei allen seelischen Störungen erwiesen, bei denen psychotherapeutische Methoden angesagt sind: Ängste, Depressionen, Zwangsstörungen und Persönlichkeitsstörungen – auch bei der Borderline-Störung.

Tiefenpsychologische oder psychodynamische Psychotherapie

Wesentliche Aspekte zum Verständnis der Borderline-Störung kommen aus der Tiefenpsychologie, die sich seit der von Sigmund Freud begründeten Psychoanalyse in zahlreichen Richtungen und Schulen weiterentwickelt hat. Einige Grundannahmen der Psychoanalyse sind für alle diese verschiedenen Richtungen der so genannten psychodynamischen Psychotherapien nach wie vor gültig.

Grundannahmen

1. Alle psychodynamischen Verfahren gehen davon aus, dass ein großer Anteil unserer seelischen Prozesse unbewusst bleibt. »Wir sind nicht Herr im eigenen Haus« – dieser berühmte Satz von Freud besagt, dass viele seelische Vorgänge unbewusst sind. So lässt sich erklären, dass uns manches passiert, dass wir immer wieder in dieselben Konfliktsituationen kommen und dass wir uns in unserem Bindungsstreben auffallend einförmig verhalten.
2. In unserem zu weiten Teilen unbewusst funktionierenden seelischen Apparat befinden sich unsere Triebe, vernünftigen Einsichten, Gefühle und Überzeugungen zueinander nicht in einem starren, sondern stetig auf die Anforderungen des Lebens dynamisch reagierenden Verhältnis.
3. Die Entwicklung eines Menschen geschieht in regelhaft aufeinanderfolgenden Phasen. Störungen in diesen Phasen führen später zu spezifischen Charakterbildungen und Symptomen, die durch gegenwärtige Ereignisse »ausgelöst« werden.
4. Symptome entspringen einer Kompromissbildung, die »gewählt« wird, um die Spannung eines bislang noch nicht bewussten Konfliktes überhaupt ertragen zu können. Eine seelische Erkrankung ist in

diesem Verständnis nicht eine Mängelleistung, sondern die in diesem Lebensabschnitt einzige Möglichkeit, einen Lebenskonflikt zu meistern.

5. Erst die Therapie kann diese Beziehung zwischen Symptomen und der individuellen Entwicklung deutlich machen. Freud prägte für diesen Prozess die Formel vom »Erinnern, Wiederholen und Durcharbeiten«. Damit ist präzise der Ablauf einer psychodynamischen Therapie beschrieben. Ausgehend von den aktuellen Beschwerden und Konflikten eines Patienten wird der Lebenshintergrund in einer Weise zum Thema, dass Erinnerungen in der lebendigen Beziehung von Patient und Therapeut diese Beziehung mitzugestalten beginnen. In der psychoanalytischen Theorie heißt dies »**Übertragung**« (s. auch S. 101 ff.). Erinnern ist also in der psychoanalytischen Therapie nicht einfach wieder an etwas denken, sondern umfasst das Denken und das Fühlen. Der Patient erlebt »Vergessenes« in der Beziehung zum Therapeuten. Erst in der Übertragungsbeziehung zum Therapeuten erlebt der Patient den Sinn eines einzelnen Symptoms und kann es durch diese Vergegenwärtigung schließlich auch überwinden.

Aus den Grundannahmen der psychodynamischen Theoriebildung sind über die Jahre verschiedene Therapieformen entstanden, die sich zum Teil deutlich von der klassischen Psychoanalyse unterscheiden. Während diese ein langfristig angelegter therapeutischer Prozess ist, der vom Patienten über eine lange Strecke mit mehreren Therapiesitzungen pro Woche eine sehr intensive Mitarbeit abverlangt, sind andere psychodynamische Verfahren kürzer. Ihr Ziel beschränkt sich auf die Besserung von Symptomen. Die klassische Psychoanalyse ist für Borderline-Patienten in der Regel eher nicht geeignet – wenngleich dies wirklich nur im Einzelfall zu entscheiden ist – wohl aber die anderen psychodynamischen Verfahren.

Warum keine Psychoanalyse?

Eine klassische Psychoanalyse wirkt von außen betrachtet sehr unstrukturiert. Die Aktivitäten des Therapeuten sind sehr zurückhaltend. Sie beschränken sich auf die Interpretation und Deutung von Erinnertem, Assoziiertem oder Geträumtem. Fragen zum Beispiel werden nicht oder nur mit Gegenfragen beantwortet, um dem Patienten Raum für eigene Phantasien zu lassen. Vom Patienten verlangt dies ein Mindestmaß an innerer Stabilität. Borderliner sind in einer solchen Situation überfordert, sie brauchen einen aktiv mitgestaltenden Therapeuten. Eine analytische Psychotherapie ist allenfalls nach erheblicher Besserung der Symptome möglich.

In Deutschland ist die tiefenpsychologisch fundierte Psychotherapie als »Abkömmling« der Psychoanalyse in der Versorgung seelisch Kranker allgemein anerkannt und wahrscheinlich das am häufigsten angewendete Verfahren. Auch psychodynamische Kurzzeittherapien (bis 25 Stunden), Kriseninterventionen und psychodynamische Familien- und Paartherapien werden breit angewendet. Ergänzt werden diese durch entsprechende gruppentherapeutische Angebote. Daneben haben sich Therapierichtungen etabliert, die psychodynamisch orientiert sind, aber eigene Schulen gebildet haben: Die katathym-imaginative Psychotherapie, Gestalttherapie, Psychodrama und Transaktionsanalyse. Wir können in diesem Rahmen auf all die unterschiedlichen Therapierichtungen nicht detailliert eingehen und beschränken uns auf Therapieformen, deren Kosten im Rahmen der Richtlinienpsychotherapie (s. S. 111) auch von den Krankenkassen erstattet werden. Dies bedeutet nicht, dass Betroffene beispielsweise mit der Gestalttherapie nicht auch gute Erfahrungen machen können.

Vorsicht vor Heilsversprechungen

Immer wieder berichten Betroffene von wahren Irrwegen durch die Psychoszene. Immer wieder sind sie auf nicht einlösbare Versprechungen von schneller Heilung hereingefallen. Viele haben sich irgendwann esoterischen Therapieangeboten zugewandt, um auch dort feststellen zu müssen, dass es bei der Borderline-Störung die gewünschte rasche Heilung wohl nicht gibt. Psychotherapie ist langwierig und schwierig.

Spezifische Therapien für Borderliner

Es ist eine aktuelle Entwicklung in der Psychotherapie, störungsspezifische, also auf eine bestimmte psychische Störung zugeschnittene Therapieverfahren zu entwickeln. Auch für die Behandlung der Borderline-Störung liegen uns zwei spezielle Verfahren vor. Ihre hohe Effektivität ist durch wissenschaftliche Untersuchungen gut belegt. Es sind dies die aus der Verhaltenstherapie entwickelte dialektisch-behaviourale Therapie (DBT) der Borderline-Störung nach Marsha Linehan und die aus der Tiefenpsychologie entstandene übertragungsfokussierte Psychotherapie (Transference-focused Psychotherapy, TFP) nach Otto Kernberg und Mitarbeitern.

Neue Therapieverfahren sind speziell für die Borderline-Störung entwickelt worden.

Der Vorteil dieser störungsspezifischen Ansätze liegt in einem strukturierten Vorgehen, das auch in entsprechenden Handbüchern niedergelegt ist. Die folgenden Abschnitte behandeln diese beiden speziellen Therapien ausführlich.

Die dialektisch-behaviourale Therapie (DBT)

Die amerikanische Psychologin und Verhaltenstherapeutin Marsha Linehan begann vor 20 Jahren ihre therapeutische Arbeit mit Patientinnen, die unter Selbstverletzungstendenzen litten. Es entstand daraus über die Jahre das Konzept der »Dialektisch-Behaviouralen Verhaltenstherapie« (DBT) der Borderline-Störung. Dieses Konzept hat sich auch in Deutschland etablieren können. Mittlerweile existiert ein Netzwerk von Psychotherapiestationen und -abteilungen, die sich zum Ziel gesetzt haben, diese Therapieform weiter voranzubringen und Leitlinien und Grundsätze für die therapeutische Arbeit zu entwickeln (Adressen von Institutionen siehe im Informationsteil).

Ausgangspunkt war für Linehan die Beobachtung, dass sich bei vielen Borderline-Patientinnen während einer Psychotherapie nicht selten die Symptome und Beschwerden sogar noch verschlechtern, dass Patientinnen Therapien häufig abbrechen und von einer Klinik zur anderen »wandern«.

Marsha Linehan konnte an einer Studie mit zwei Vergleichsgruppen zeigen, dass sich über eine Therapiezeit von einem Jahr bei 22 Patientinnen mit dem Programm der DBT die Zahl der Suizidversuche und Selbstbeschädigungen sehr deutlich gegenüber der Kontrollgruppe reduzieren ließ. Auch war die Zahl der Therapieabbrüche mit 16 Prozent sehr gering.

Das Konzept der DBT

In den theoretischen Grundlagen der DBT finden sich Erkenntnisse der wissenschaftlichen Psychologie und der Verhaltenstherapie ebenso wie Elemente des Zen-Buddhismus und der dialektischen Gesprächsführung. Ausgangspunkt ist jedoch immer das biosoziale Krankheitsverständnis Marsha Linehans (s. S. 50) und die Interpretation der Symptome als durchaus verständliche, wenn auch nicht optimale Lösungsstrategie. Deutlich wird dies im Umgang der DBT mit dem Symptom der Selbstverletzung. Wenn Betroffene in einer Situation nicht mehr in der Lage sind, eigene Gefühle umfassend und authentisch wahrzunehmen und noch weniger richtig zu bewerten, dann kann eine Selbstverletzung durchaus als der einzige noch mögliche Lösungsversuch erscheinen. Borderliner machen dann, so paradox es klingen mag, noch das für sie Bestmögliche aus der Situation. Die Symptome sind also nicht »wegzutherapieren«: Erst das biografische Verständnis und die Analyse typischer Situationen können dazu führen, neue Lösungen zu finden.

Der Einstieg: Lebensgeschichte und Rahmenbedingungen

Die DBT lässt sich sowohl im stationären Rahmen (wo bisher die meisten Therapieangebote existieren) als auch teilstationär, etwa im Rahmen einer psychotherapeutischen Tagesklinik, oder auch ambulant durchführen. Häufig werden auch eine anfängliche in der Regel 8- bis 12-wöchige stationäre Behandlungsphase mit einer sich anschließenden ambulanten Therapie verbunden.

In der Anfangsphase wird die Vorgeschichte ausführlich unter verhaltensanalytischen Aspekten erhoben, wobei besondere Akzente auf der bisherigen Beziehungsgestaltung liegen. Dabei wird auch das Scheitern anderer Therapieversuche angesprochen und versucht zu erkennen, ob sich hinter diesem Scheitern auch Besonderheiten der Beziehungsgestaltung verbergen. In dieser ersten Zeit werden auch die äußeren Bedingungen, eine Art »Behandlungsvertrag« festgelegt, der die Häufigkeit der Sitzungen, das Vorgehen bei Terminabsagen u.a. regelt. Hierbei berücksichtigt der Therapeut auch die oben erwähnten Beziehungserfahrungen des Patienten. Wenn beispielsweise eine Therapie daran gescheitert war, dass der Patient häufig ohne Absagen fern blieb, wird versucht, genau dafür eine Regelung vorab festzulegen.

Erkennen negativer Gefühle, Akzeptieren und Balancieren

Im Kern der Borderline-Störung liegt die emotionale Problematik der Betroffenen: Sie schwanken in ihren Gefühlen zwischen Extremen hin und her. Dabei finden sie in ihrer Umgebung, der Familie, bei Freunden und Kollegen keine emotionale Resonanz. Sie wissen einfach nicht, ob ihre Gefühle »stimmig« sind, ob sie sich beispielsweise einem Gefühl starken Ärgers über eine Situation hingeben sollen, weil die Situation tatsächlich ärgerlich ist, oder aber ob sie versuchen sollen, dieses Gefühl irgendwie zu unterdrücken und den Gefühlsausdruck zu vermeiden. Sie nehmen in ihrer Umgebung keine Signale war, die ihnen ein verlässliches »Gefühls«-urteil über die Situation ermöglichen. (Marsha Linehan nannte dies eine »invalidierende Umgebung«, eine Umgebung, die nur Zweifel an der Gültigkeit von Gefühlen oder Gedanken erzeugt. S. S. 50 ff.)

Schwierigkeiten mit der Gefühlswahrnehmung stehen im Zentrum der Behandlung.

In der DBT geht es deshalb über weite Strecken um das Erkennen solcher Gefühlszustände, die Unklarheit erzeugen. Die Therapie versucht eine neue Sphäre der Vertrautheit und Verlässlichkeit zu erzeugen.

Ein Beispiel:

Eine Patientin empfindet starken Ärger über eine Mitpatientin in der Gruppe. Das Gefühl von Ärger muss zunächst akzeptiert werden, darf nicht verleugnet oder unterdrückt werden. Dann geht es darum, die Situation, in der das Gefühl entstand, genau zu analysieren und diese Situation mit ähnlichen zu vergleichen. Das Anerkennen eigener negativer Gefühle in Verbindung mit dem genauen Verständnis der Situation, die diese Gefühle regelhaft auslöst, ist fast immer ein schmerzhafter Prozess. Denn Betroffene sehen, dass sie wieder und wieder in Situationen geraten, die diese negativen Gefühle auslösen, dass sie immer wieder auf Menschen treffen, die – ohne es zu beabsichtigen – diese Gefühle in ihnen entstehen lassen. Betroffene merken in dieser Auseinandersetzung mit der eigenen Gefühlswelt, dass sie übersensibel sind, dass ihnen die Fähigkeit fehlt, sich auch einmal abzuschirmen, um etwas nicht wahrnehmen zu müssen, dass sie in Wirklichkeit sehr dünnhäutig und leicht verletzbar sind. Das Anerkennen eigener Gefühle führt aber auch zur Erkenntnis, dass tatsächlich viele Lebenssituationen belastend und schwierig sind.

Besondere Aufmerksamkeit erfahren Situationen, in denen Borderline-Patienten starke, ja übermächtige Wut erleben. Stand früher am Ende solch einer Situation möglicherweise eine selbstverletzende Handlung, so wird in der Therapie erarbeitet, was an Stelle dieses Rückzuges in die Selbstverletzung in Zukunft stehen können wird und wie das Gefühl übermächtiger Wut akzeptiert werden kann, ohne davon überwältigt zu werden.

Dies geschieht über kontinuierliche Verhaltensanalysen typischer belastender Situationen, für die dann andere Bewältigungsstrategien erarbeitet werden. Besonders wichtig ist eine solche Verhaltensanalyse, wenn eine Selbstverletzung stattgefunden hat. Betroffene sind dann angehalten, sich mithilfe eines speziellen Fragebogens die Ursachen, Auslöser und Konsequenzen ihres Verhaltens bewusst zu machen. Dieser Fragebogen enthält auch die Aufforderung, sich über Alternativen und vorbeugende Strategien gezielt Gedanken zu machen. So wird zum Beispiel gefragt: »Was hätte Ihre Anfälligkeit für selbstschädigendes Verhalten verringern können? Was könnten Sie in Zukunft berücksichtigen, um Ihre Anfälligkeit zu verringern?« Später wird es dann darum gehen, welche Frühwarnzeichen es für solche problematischen Gefühlzustände gibt und welches eigene Handlungspotenzial in solchen Situationen entwickelt werden kann.

Alternative Bewältigungswege werden erarbeitet.

Üben von Fertigkeiten

Angelika

▶ Angelika entschloss sich nach jahrelangen erfolglosen Therapieversuchen, auf einer Psychotherapiestation eine stationäre DBT zu machen. Immer montags fand die große Visite statt, bei der sie nicht nur ihre Einzeltherapeutin und das Pflegepersonal der Station sah, sondern noch zusätzlich von Chef- und Oberarzt besucht wurde. An den Abenden der ersten beiden Montage verletzte sie sich mit einer Scherbe am Unterarm. In der Einzeltherapie kam sie dann mit ihrer Therapeutin darauf, dass die Kombination von mehreren, zu vielen, Menschen und einer Situation, in der sie sich »Autoritäten« ausgeliefert sah, zu einem übermächtigen Gefühl des Ausgeliefertseins, der Ohnmacht führte. Im Anschluss an diese beiden Erlebnisse fühlte sie sich wie in Trance, aus der sie erst der Schnitt herausholte. Es wurde deutlich, dass sie schon mehrere Jobs verloren hatte, weil sie im Umgang mit Vorgesetzten Ähnliches erlebt hatte, sie hatte dann kein Wort mehr sagen können, wirkte abgeschlossen, und man hatte sie wegen dieser Kommunikationsstörung dann entlassen. Das Visitenprogramm wurde für sie erst einmal geändert. Nach und nach entwickelte sie in der Situation mehr und mehr Fertigkeiten. Am Ende der Therapie war sie in der Lage, die Visite ohne größere Schwierigkeiten zu überstehen und sogar vor mehreren anwesenden Personen über ihr Problem zu sprechen. ◀

Ein weiterer wichtiger Baustein der Therapie ist neben dem Akzeptieren und Kennenlernen der eigenen Gefühle das Üben spezieller Fähigkeiten (Fertigkeitstraining). Es geht um den Erwerb neuer Fertigkeiten in allen wesentlichen Lebenssituationen. Dies betrifft vor allem den Umgang mit Mitmenschen, das Wahrnehmen von Gefühlen, den Umgang mit belastenden Situationen und den Umgang mit der inneren Anspannung. Das Fertigkeitstraining besteht dementsprechend aus vier Modulen:

Neue Fertigkeiten werden erworben.

- dem Training der sozialen Kompetenz,
- dem Emotionstraining,
- dem Krisen- und Stressbewältigungstraining
- und dem Achtsamkeitstraining (Entspannungstraining).

Dieses Üben von Fertigkeiten wird in der Gruppe durchgeführt. Eine Gruppensitzung dauert eineinhalb bis zwei Stunden und wird in der Regel von zwei Therapeuten geleitet. Im Rahmen einer stationären Behandlung begleitet es das gesamte stationäre Programm und kann auch während der sich anschließenden ambulanten Therapie fortgesetzt werden.

Training sozialer Kompetenz

Borderline-Patienten leiden unter ihren rasch wechselnden Gefühlen, unter dem Wechsel zwischen absoluter Gefühlsunterdrückung und nicht steuerbaren Gefühlsausbrüchen. Im Training sozialer Kompetenz lernen Betroffene in für sie typischen Konfliktsituationen selbstsicherer und angemessener aufzutreten. Dazu gehört das rechtzeitige Erkennen eigener Gefühle und das Abschätzen der richtigen Reaktionsweise. Ziel dieses Trainings ist es, im Alltagsleben kompetenter mit der eigenen Schwierigkeit umzugehen und nicht immer wieder in die bekannten Reaktionsmuster zu verfallen. Dabei geht es gerade auch darum, in einer Situation, in der sie tatsächlich unfair, nachlässig oder ausbeutend behandelt werden, ihren Ärger und Protest angemessen auszudrücken, ohne gleich in einen massiven Wutausbruch zu verfallen. Im Rahmen einer stationären DBT-Therapie dauert dieses Training üblicherweise acht Wochen.

Training sozialer Kompetenz: Wie werde ich selbstsicherer?

Emotionstraining

Es handelt sich ebenfalls um ein Gruppentraining, bei dem durch die Teilnehmer Gefühle gemeinsam wahrgenommen, zugeordnet, benannt, bewertet und verstanden werden.

Es geht bei diesem Therapiemodul darum, dass jeder für sich in der Spiegelung durch die Gruppenmitglieder grundlegende Emotionen wie Trauer, Ärger, Schuld und Scham, aber auch Freude, Heiterkeit, Liebe und Zuneigung nachempfindet und besser erkennt. Dazu gehören in der Gruppe auch die ganz verschiedenen körperlichen Empfindungen, die verschiedene Mimik und Gestik, die solche Gefühle bei jedem begleiten.

Durch die vielen widersprüchlichen und auch kränkenden Erfahrungen, die jedes Gruppenmitglied in seinem individuellen Umfeld machen musste, sind das Vertrauen und die Sicherheit in den eigenen emotionalen Erfahrungen verloren gegangen oder konnten bislang noch nie richtig aufgebaut werden. Borderline-Patienten leiden sehr häufig unter »gemischten Gefühlen«: Ursprüngliche Gefühle und Empfindungen werden bei ihnen sehr rasch durch andere Emotionen überlagert. »Wenn mir ein Mensch zu nahe kommt, spüre ich sofort starken Ärger, ohne dass ich wahrnehmen kann, warum mir die Nähe dieser Person eigentlich unangenehm ist, was mich wirklich gerade an ihr stört«, sagte beispielsweise ein Gruppenmitglied. Eine andere Teilnehmerin schilderte, dass sie beim Verdacht, ein anderer Mensch könne sie verlassen, sofort unspezifische Panik empfand, ohne dass sie zuvor die Angst vor dem Verlassenwerden überhaupt spüren konnte.

Die Gruppenmitglieder erwerben so die Fertigkeit, ihre eigenen Emotionen (wieder) besser zuzuordnen und gleichsam zu »entmischen«. Das Ziel des Emotionstrainings ist also die verbesserte Wahrnehmung eigener Gefühle. In einer stationären Therapie wird dieses Therapiemodul neben anderen meist über acht Wochen durchgeführt.

Krisen- und Stressbewältigung

Besonders am Anfang der Therapie ist der emotionale Druck sehr groß und wird möglicherweise sogar noch durch die Therapie verstärkt. In dieser Phase kann es also durchaus auch zu Verschlechterungen des Befindens kommen, das möglicherweise zu erneuten Selbstverletzungen führt. Da sich Besserungen – wie eigentlich bei jeder Form von Psychotherapie – nur langsam einstellen und Schritt für Schritt erarbeitet werden müssen, ist es besonders in dieser Anfangsphase der Therapie erforderlich, Stresssituationen, beispielsweise zu große Nähe anderer Menschen, zu identifizieren und ihre Bedeutung als Stressfaktor zu erkennen. Nach und nach lernen Betroffene dann, Stresssituationen anzunehmen und sie als soziale Realität in ihr Leben zu integrieren. Die Krisen- und Stressbewältigung zielt also in erster Linie auf das Aushalten und Annehmen von negativen Gefühlen.

Besserungen stellen sich nur langsam ein.

Für die Zeit, bis dies erreicht ist, werden im Stressbewältigungstraining gezielt Ablenkungsstrategien erarbeitet. Diese können das Muster der Selbstverletzung durchaus übernehmen: Die Selbstverletzung vermittelt einen alternativen und elementaren Sinnesreiz, der schlagartig in eine neue Situation führt. Betroffene lernen im Stresstraining sich selbst solche Sinnesreize zu geben, die aber im Gegensatz zur Selbstverletzung keinen Schaden verursachen. Dies kann ein Reiz mit einem Stachelball aus Gummi, mit kaltem Wasser oder mit Eiswürfeln oder ein Biss auf eine Chilischote sein. Wichtig ist, dass der Reiz selbst verabreicht und auf diese Weise auch die Selbstkontrolle verbessert wird. Mit zunehmender Übung gelingt es so, die Häufigkeit von Selbstverletzungen erheblich zu reduzieren – im Idealfall kann ganz auf sie verzichtet werden.

Innere Achtsamkeit – Entspannungstraining

Fast alle Borderline-Patienten neigen zu impulsiven und unüberlegten Verhaltensweisen, ohne mögliche Konsequenzen zu beachten. Dies geschieht vor allem in Belastungssituationen, die in ihnen hohe Anspannung erzeugen. Ein Beispiel ist etwa die vorschnelle Kündigung eines Jobs, wenn sich der Betroffene über einen Disput am Arbeitsplatz geärgert hat. Über spezielle Entspannungs- und Meditationstechniken, die gezielt zur Verringerung der Spannung eingesetzt werden, sollen Betroffene die Fähigkeit erwerben, in einer solchen Situation zunächst »in sich« zu gehen, um erst einmal Zeit zu gewinnen.

Die Übung der inneren Achtsamkeit enthält deshalb z.B. die Aufforderung, sich Dinge oder Situationen zu vergegenwärtigen, die niedrige, mittlere oder hohe Spannung erzeugen, mit dem Ziel, die Wahrnehmung, das Gespür für eine anwachsende innere Spannung zu verfeinern. Die Übung der inneren Achtsamkeit in Verbindung mit dem Erlernen von Entspannungstechniken setzt Betroffene also in die Lage, in besonders belastenden Situationen länger reaktionsfähig zu bleiben. Bei einer stationären Therapie steht dieser Therapiebaustein oft am Anfang. Er dauert je nach Forschritt der Teilnehmer zwei bis vier Wochen.

Die verhaltenstherapeutische Einzeltherapie

Parallel zum Fertigkeitstraining findet eine verhaltenstherapeutische Einzeltherapie statt. Nach Abschluss des Fertigkeitstrainings wird diese Einzeltherapie üblicherweise noch über die Dauer etwa eines Jahres mit einer Therapieeinheit pro Woche fortgesetzt, dann in der Regel in Form einer ambulanten Therapie. Die Einzeltherapie konzentriert sich dabei weiter auf das grundlegende Problem der emotionalen Instabilität. Es geht dann aber besonders um das Umsetzen der erlernten Fertigkeiten im Alltagsleben.

Der ambulante Therapeut nimmt die bisherigen Therapieziele auf.

Welche Themen kommen in die Therapie?

In der Einzeltherapie nach DBT gilt eine klare Themen-hierarchie. Dies bedeutet, dass bestimmte Themen wie selbstgefährdendes Verhalten in jeder Therapieeinheit vorrangig vor anderen Themen wie etwa Beziehungsprob-lemen behandelt werden müssen. Patient und Therapeut einigen sich am Anfang der Einzeltherapie auf diese klare Regel, an die sich beide halten müssen.

Selbstgefährdendes Verhalten hat Vor-rang

Themenhierarchie der DBT-Einzeltherapie

- **Selbstgefährdendes Verhalten und Suizidalität:** Suizidgedanken und -impulse, selbstschädigendes Verhalten wie Selbstverletzungen oder die Einengung der Gedanken auf derartige Themen müssen immer vorrangig vor anderen Themen behandelt werden. Dazu gehören auch andere Formen schwer selbstgefährdenden Verhaltens wie hohe Risi-kobereitschaft beispielsweise beim Autofahren, bei Extremsportarten oder gefährliche Sexualpraktiken mit vorsätzlicher Inkaufnahme von Verletzungs- oder Infektionsrisiken.
- **Therapiegefährdende Verhaltensweisen:** Dies umfasst Verhaltens-weisen des Patienten wie auch des Therapeuten, die den weiteren Fortbestand der Therapie gefährden. Von Seiten des Therapeuten kann diese beispielsweise eine Abweichung von der Themenhierar-chie bedeuten, aber auch unzuverlässige Termingestaltung oder häu-fige Absagen von Therapieeinheiten. Beim Patienten können Impuls-durchbrüche oder offene Aggression gegenüber dem Therapeuten den weiteren Fortgang der Behandlung problematisch werden lassen. Alle Störungen der therapeutischen Beziehung müssen in der Thera-pie erörtert und bearbeitet werden.
- **Verhaltensweisen, die die Lebensqualität massiv einschränken:** Dazu gehören exzessiver Alkohol- oder Drogenkonsum oder riskantes Ver-halten, ohne dass von einer akuten Gefährdung, wohl aber von einer Verschlechterung der Lebenssituation eines Betroffenen gesprochen werden kann. Auch Störungen im Essverhalten wie bulimische Atta-cken gehören zu diesem Themenkreis.
- **Die Notwendigkeit, bereits im Gruppentraining erworbene Fertigkei-ten zu verbessern**

Telefonische Krisenintervention

Borderline-Patienten kommen manchmal für sie unvorhersehbar rasch in Krisen, während der sie einer erhöhten Selbstverletzungs- oder Suizidgefahr ausgesetzt sind. Anders als in anderen Psychotherapieformen wird bei der DBT explizit auch mit der Möglichkeit der telefonischen Beratung gearbeitet. Manche Therapeuten setzen mittlerweile auch die Möglichkeit ein, über E-Mail in Kontakt zu treten. Der Patient erhält so beispielsweise im Fall einer suizidalen Krise die Möglichkeit, spontan oder zu einer fest verabredeten Tageszeit mit dem Psychotherapeuten oder der Psychotherapeutin in Kontakt zu treten, um die Krise durch eine solche telefonische Krisenintervention zu bewältigen. Dabei ist der Inhalt eines solchen Telefonates zwischen beiden Partnern in einer Art Therapievereinbarung vorher abgestimmt: Es geht ausschließlich darum, etwaige negative Folgen einer selbstbeschädigenden Aktion zu verhindern, keinesfalls wird in diesem Telefongespräch etwa an unerledigt empfundene Gesprächsinhalte der letzten Therapiestunde angeknüpft. Es kann beispielsweise dazu dienen, dem Betroffenen klar zu machen, dass es jetzt nicht sinnvoll ist, eine Überdosis Schlaftabletten zu nehmen oder seine innere Spannung durch Schneiden abzubauen. Der Sinn dieser Verabredung, nämlich selbstbeschädigendes Verhalten im Vorfeld zu reduzieren, wird durch eine andere Grundregel verstärkt: Sollte der Patient oder die Patientin sich bereits verletzt haben, ist es über eine Frist von 24 Stunden verboten, mit dem Psychotherapeuten in Kontakt zu treten. Dies wirkt paradox, erweist sich in der therapeutischen Praxis aber als sinnvoll und hilfreich. Diese Verabredung gibt die Verantwortung für Selbstverletzungen an den Betroffenen. Nach einer Selbstverletzung sind andere als psychotherapeutische Hilfen, etwa eine chirurgische Versorgung erforderlich. Der Psychotherapeut ist für die Folgen von Selbstverletzungen nicht zuständig: Auf diese Weise wird auch verhindert, dass im therapeutischen Bündnis dem Psychotherapeuten eine medizinische Verantwortung für die Folgen einer Selbstbeschädigung aufgebürdet wird. Diese kann er nicht übernehmen.

Terminabsagen

Die vorgesehenen Regeln für Terminabsagen ähneln denen bei anderen Therapieformen: Termine dürfen, um den therapeutischen Prozess effektiv gestalten zu können, nur aus wirklich triftigen und nachvollziehbaren Gründen abgesagt werden. Triftige Gründe sind beispielsweise Prüfungstermine, wichtige familiäre Ereignisse oder auch eine körperliche Erkrankung des Patienten. Symptome der Borderline-Störung selbst wie Depression, Angst, Unruhe oder Antriebslosigkeit sind niemals ein triftiger Grund, um einen Therapietermin ausfallen zu lassen. Die Symptome der Störung gehören in die Therapie. Meist werden diese Absageregelungen für einen bestimmten Zeitraum, etwa das erste Therapiejahr, festgelegt. Zu dieser Regelung kann auch gehören, dass nach drei- bis viermaligem Terminausfall ohne nachvollziehbaren Grund die Therapie vorerst beendet wird.

Die Therapietermine haben absoluten Vorrang.

Ablauf einer ambulanten DBT-Therapie

Der Ablauf einer ambulanten DBT-Therapie folgt den Modulen der stationären Therapie (s. S. 92 ff.) Baut sie auf diese auf, geht es zum einen darum, weitere neue Fertigkeiten im Anschluss an die Trainings einzuüben. Gerade die ambulante Therapie wird sich aber besonders um die beim Patienten vorhandenen positiven Ressourcen und Möglichkeiten kümmern.

So dienen die Fertigkeitsübungen zu Beginn der ambulanten Therapie letztlich dazu, die Basis einer emotionalen Grundstabilität zu erzeugen. Auf diesen können dann auch schwierige Probleme zur Sprache kommen,. Beispielsweise haben ja nicht wenige Borderline-Patienten sexuellen, körperlichen oder emotionalen Missbrauch erfahren. Diese Erfahrungen lassen sich zu Beginn einer Therapie noch nicht thematisieren. Denn die Beschäftigung mit diesen Erlebnissen kann selbst schwerste Krisen und Belastungen auslösen.

Das Ziel der Therapie ist zunächst eine neue emotionale Stabilität.

Die DBT sieht daher besonders den ambulanten Teil der Behandlung als Rahmen für die Aufarbeitung traumatischer Erlebnisse vor. Sie werden auch hier bis zum Erreichen einer befriedigenden emotionalen Situation zurückgestellt – beim Wunsch des Patienten, diese Erlebnisse schon (verfrüht) zum Thema werden zu lassen, auch aktiv durch Interventionen des Therapeuten. In aller Regel werden diese Erfahrungen erst im zweiten Behandlungsjahr aufgearbeitet.

Wie findet man einen ambulanten DBT-Therapeuten?

Für die ambulante Fortsetzung der DBT ist es erforderlich, dass Einzeltherapeuten gefunden werden können, die sich der Philosophie der DBT verpflichtet fühlen. Dabei ist es weniger wichtig, aus welcher

Therapieschule sie kommen, als vielmehr, dass sie die DBT-Technik beherrschen und kooperativ die Zielformulierungen, die zu Therapiebeginn erarbeitet wurden, übernehmen und weiterentwickeln. Die Anbieter von stationären DBT-Programmen sind bemüht, für ihren Versorgungsbereich Referenztherapeuten zu gewinnen. Diese sind in der DBT-Technik erfahren, haben zum Teil dieselbe Weiterbildung absolviert wie die Therapeuten aus dem stationären Bereich und stehen mit den stationären DBT-Einrichtungen in engem Kontakt. Auf diese Weise wird gewährleistet, dass wirklich sinnvoll an die im stationären Programm erworbenen Fertigkeiten angeknüpft werden kann und nicht neue Therapieziele formuliert werden, die unter Umständen sogar den bisherigen Therapieerfolg in Frage stellen (Adressen s. Anhang S. 173).

Zusammenfassung

Die Verhaltenstherapie hat zur Behandlung der Borderline-Störung die dialektisch-behaviourale Therapie hervorgebracht, die auch Elemente der Meditation und Entspannungstechniken integriert. Ziel ist es, den Umgang mit eigenen Emotionen einzuüben und neu zu erlernen. Die DBT besteht aus einer Verhaltens-Einzeltherapie und in den ersten Monaten aus einem zusätzlichen in Therapiegruppen durchgeführtem Fertigkeitstraining, in dem konkrete Fähigkeiten im Umgang mit eigenen Emotionen, Menschen und Belastungen erworben werden. In der Einzeltherapie gibt es eine klare Themenhierarchie, die Selbstbeschädigungen unbedingten Vorrang einräumt. Wird sie ambulant durchgeführt, besteht in Krisen die Möglichkeit zum telefonischen Kontakt. Traumatische Erfahrungen werden erst nach Erreichen einer gewissen Stabilität gegen Ende der Therapie behandelt.

Die übertragungsfokussierte Psychotherapie (TFP)

Schon lange vor der Entwicklung der DBT im Bereich der Verhaltenstherapie gab es auch in den unterschiedlichen psychodynamischen Schulen Ansätze, den besonderen therapeutischen Problemen, die im Rahmen einer Psychotherapie von Borderline-Patienten auftreten, Rechnung zu tragen. Die Erkenntnis, dass für diese Patienten nur eine spezielle

Borderliner brauchen eine modifizierte tiefenpsychologische Psychotherapie.

psychotherapeutische Behandlungstechnik erfolgversprechend sein kann, die auf ihre besonderen Bedürfnisse und Schwierigkeiten eingeht, führte bereits früh zu Veränderungen innerhalb der bisherigen Praxis.

Offenes oder strukturiertes therapeutisches Vorgehen

Tiefenpsychologische Therapieformen zeichnen sich sonst durch ihre Offenheit und durch ein wenig strukturiertes Vorgehen aus: Das so genannte freie Assoziieren, bei dem der Patient »unzensiert« das äußert, was ihm durch Kopf und Gemüt geht, und die Arbeit mit Träumen – beides seit Freud die Grundlage des therapeutischen Arbeitens – erzeugen einen offenen therapeutischen Raum, in dem es einige Zeit dauern kann, bis Therapeut und Patient den »roten Faden« der Therapie finden. Ein solch unstrukturiertes Verfahren, in dem der Therapeut in seiner Zurückhaltung mehr Fragen stellt als Antworten gibt, ist aber für Borderline-Patienten eher schädlich als fördernd. Diese Einsicht wurde inzwischen mehrfach wissenschaftlich belegt und führte auch unter tiefenpsychologischen Therapeuten und Theoretikern zur Entwicklung neuer für die Borderline-Störung gut strukturierter Behandlungskonzepte. Das derzeit ausgefeilteste und in einem Manual vorgelegte ist die übertragungsfokussierte Psychotherapie. Bei dieser Therapieform geht es in erster Linie darum, typische Verhaltensmuster in der Beziehungsgestaltung von Borderline-Patienten zu verändern. Voraussetzung dafür ist eine Grundhaltung des Therapeuten, die dem, was in der Beziehungsgestaltung zwischen Patient und Therapeut passiert, besondere Aufmerksamkeit schenkt. Denn in ihr wird das innere, grundsätzliche Muster sichtbar, nach dem der Patient seine Beziehungen gestaltet. Charakteristisch für die TFP ist also – wie auch der Name sagt – die Arbeit an der Übertragung.

Die Übertragung – ein Beispiel

Peter

► Peter hatte wegen Angst eine Psychotherapie aufgenommen. Zusätzlich bekam er geschäftliche Probleme. Die Angst wich nicht mehr von ihm, und er begann aus Angstphantasien heraus impulsiv und irrational immer mehr Fehlentscheidungen zu treffen. Nach dem Anlaufen der Therapie, der Schilderung der Lebenssituation, dem Auftauchen erster Bezüge in die Lebensgeschichte war Peter in einer Therapiesitzung plötzlich ärgerlich auf seinen Therapeuten. Der Ärger hielt an, Peter sprach ihn aus, was ihn Überwindung kostete. In einer der folgenden Sitzungen schien er zu wissen, was los war. Nicht dass sein Therapeut während der Sitzungen Pfeife rauchte ärgerte ihn, nein er hatte den Geruch eigentlich gerne, obwohl er selbst nicht rauchte. Es war dieses schmatzende Geräusch, das die Pfeife manchmal von sich gab. Es erinnerte ihn an seinen willkürlich brutalen Vater, an eine Szene beim sonntäglichen Mittagstisch, wenn sein Vater die Suppe aß, hörte es sich ähnlich an. Er schilderte dieses Bild und für den Therapeuten war deutlich, dass er für die nächste Zeit für den Patienten die negativen angstauslösenden Seiten des Vaters repräsentierte. ◄

Die Übertragung lässt problembeladene Beziehungsmuster aus der Lebensgeschichte wieder lebendig werden und macht sie so veränderbar. Das Übertragungsgeschehen ermöglicht es, problembeladene Beziehungsmuster aus der bisherigen Biografie wieder lebendig erlebbar zu machen, und zwar auch mit ihren belastenden emotionalen Qualitäten. Der Therapeut muss sich dieser Übertragung stellen und in der Therapie mit dem Patienten andere Lösungsmöglichkeiten erarbeiten. Dieses so genannte Durcharbeiten führt dann zu einer neuen, die bisherige Erfahrung korrigierenden emotionalen Erfahrung.

Verstehen der Abwehrmechanismen

Es ist ein Ziel der psychoanalytisch orientierten Therapie der Borderline-Störung, dem Patienten das Wirken der borderlinetypischen Abwehrmechanismen bewusst und verstehbar zu machen, die ihm den Umgang mit sich und anderen erschweren. Auch sie erscheinen in der Übertragung.

Nehmen wir als Beispiel die **Spaltung** (siehe S. 30): Andere Menschen, so auch der Therapeut, können im Seelenleben des Betroffenen nur entweder vollständig als gut oder vollständig als böse, nur als schwarz oder nur als weiß repräsentiert sein. Infolgedessen wird die Beziehung zu ihnen auch nach diesem Muster gestaltet.

Oder zum Beispiel die **projektive Identifikation** (siehe S. 31): Hierbei legen Borderline-Patienten ihren eigenen Gemütszustand, ihre eigene Verfassung wie ein Kuckucksei beim Therapeuten ab. Dies geschieht in einer Weise, dass sie den eigenen Gemütszustand beim Therapeuten erzeugen. Wenn sie Ärger spüren, erzeugen sie in der Therapie eine Atmosphäre des Ärgers. Der eigene Ärger ist damit erst einmal von der

Seele geschafft. Und sollte der Therapeut tatsächlich auch ärgerlich reagieren, wird es möglich, den eigenen Ärger beim Therapeuten zu kritisieren, anzugreifen und damit letztlich auch besser zu kontrollieren.

Eine Bearbeitung solcher Abwehrmechanismen hat nun zum Ziel, sich selbst und andere in der ganzen Vielfalt ihrer menschlicher Existenz wahrzunehmen und anzuerkennen. Vereinfachte polarisierte Schemata, in denen andere Menschen nur als Opfer oder Täter, Gebende oder Ausbeutende erlebt werden, sollen aufgelöst werden. Eine neue und befriedigendere Beziehungsgestaltung soll für Betroffene möglich werden.

> Seine Abwehrmechanismen sollen dem Patienten verständlich gemacht werden.

Ablauf einer TFP-Therapie

Diese Behandlung wird in erster Linie ambulant durchgeführt. Ihre wichtigste Grundlage ist die Bereitschaft beim Patienten wie beim Therapeuten, eine möglicherweise mehrjährige therapeutische Arbeitsbeziehung einzugehen. Nicht alle Patienten sind dazu in der Lage. Auch diese Therapie kann nicht alle Betroffenen erreichen, auch hier gibt es gewisse Ausschlusskriterien (siehe S. 108).

Zu Anfang – die Anamnese-Phase

Die erste Phase der Behandlung dient der Erhebung, der »Anamnese«, der bisherigen Lebensgeschichte eines Betroffenen und der Bestätigung der Diagnose. Wichtige Ereignisse der Kindheit und Jugend, die relevanten lebensgeschichtlichen Schwellensituationen werden nochmals im Gespräch vergegenwärtigt. Daneben verdienen die derzeitigen Probleme und Schwierigkeiten eines Betroffenen besonderes Augenmerk. Auch wird bisherigen Selbstverletzungen und Suizidversuchen wesentliche Bedeutung beigemessen: Eingehend werden mögliche auslösende Situationen ausgelotet. Vom Patienten wird die Bereitschaft erwartet – nach einer entsprechenden Aufwärmphase in der Therapie – über diese Ereignisse zu sprechen. Auch in dieser Therapieform wird Gedanken an Suizid und Selbstverletzungen höchste Priorität eingeräumt. Denn es ist auch hier das zentrale Thema, bei den Betroffenen Suizidhandlungen und Selbstverletzungen zu verhindern, bis eine Stabilisierung der Erkrankung eingetreten ist. In diese Anamnesephase fällt die Feindiagnose mit einer eindeutigen Klassifizierung der Erkrankung und die Entscheidung über eine etwaige begleitende Medikamentengabe. Mit den Patienten werden auch frühere Therapieerfahrungen besprochen: Wann kam es bei einer früheren Therapie zu Krisen? Warum wurde eine Therapie abgebrochen? Es ist nämlich sehr wahrscheinlich, dass vergleichbare Schwierigkeiten auch in der begonnenen neuen Therapie auftreten werden. Gegebenenfalls werden sie im Therapievertrag berücksichtigt werden müssen. In dieser Phase werden auch die Partner der Betroffenen mit einbezogen: Sie sollen dafür gewonnen werden, die Therapie zu unterstützen.

Der Behandlungsvertrag

Erst wenn zwischen Patient und Therapeut ein Kontrakt über die Behandlung abgeschlossen ist, kann diese beginnen. Dabei werden nicht nur die Frequenz der Therapiesitzungen, die Termingestaltung und die Stundenausfallregelung besprochen. (Die Stundenausfallregelung legt fest, mit welchen Fristen Therapiesitzungen abgesagt werden können, wann ein Ausfallhonorar zu entrichten ist, usw.) In dieser Regelung wird auch festgelegt, wie zwischen einer Krise und einem drohenden Suizidversuch unterschieden wird, welche Bedrohungen den Therapieablauf gefährden können, wie ihnen zu begegnen sein wird, wie telefonische Kontakte in die Therapie integriert werden und welche Verantwortungsbereiche für den Therapeuten und den Patienten festgelegt werden. (Beispielsweise kann geregelt werden, dass nach einem nicht angekündigten Fernbleiben des Patienten der Therapeut telefonischen Kontakt herstellen wird.) Weiterhin wird eine Themenhierarchie festgelegt: Selbstbeschädigendes Verhalten oder suizidale Tendenzen haben Vorrang vor allen anderen Themen. Störende Einflüsse auf den Fortgang der Therapie kommen an zweiter Stelle usw. Diese Therapievereinbarung wird zum Abschluss schriftlich festgelegt.

Auch in der TFP: Am Anfang steht der Behandlungsvertrag.

Die Eingangsphase der Therapie

Patient und Therapeut konzentrieren sich in dieser Phase auf die festgelegte Hierarchie der Problembearbeitung. Kommt der Patient beispielsweise notorisch zu spät, wird dies als ein die weitere Therapie gefährdender Faktor erkannt und bearbeitet: »Welche Gründe hat dieses

Zu-spät-Kommen? Der Bus kann nicht immer Verspätung haben. Warum gelingt es Ihnen nicht, früher aufzubrechen? Was stört Sie hier, dass Sie die Stunden verkürzen wollen?« So oder ähnlich könnten Fragen lauten, die einen Einstieg in die therapeutische Bearbeitung bilden. Auch die soziale Situation des Patienten wird in dieser Therapiephase zum Thema. Der Therapeut wird sich auch aktiv in diese reale Lebenssituation des Betroffenen »einmischen«.

Störungen der Therapie werden ernst genommen.

Auch der Therapeut muss sich in dieser Anfangsphase auf den Patienten einstellen, er muss auch bei Enttäuschungen »dabei« bleiben und den Behandlungsvertrag erfüllen.

Mittelphase der Therapie

Mittlerweile ist es ruhiger geworden. Beide, Therapeut und Patient, haben sich aneinander gewöhnt und schon einige Turbulenzen hinter sich. Mittlerweile sind die Übertragungen des Patienten auf den Therapeuten deutlicher geworden. Beide wissen allmählich immer mehr über die traumatisierenden Beziehungspartner aus der Biographie des Patienten. Der Therapeut hat oft genug Ärger und Wut seines Patienten ausgehalten. Beide haben die Erfahrung gemacht, dass ihr therapeutisches Bündnis hält, möglicherweise wurden auch Krisen oder Suizidtendenzen erfolgreich bewältigt. Immer stellt sich der Therapeut die Frage: Für wen stehe ich jetzt? In dieser Mittelphase der Behandlung, wenn es ruhiger wird, kommen vermehrt auch depressive Anteile des Patienten in die Therapie, es geht auch immer mehr um Fragen des Selbstwerts und der Identität. Auch Fragen der sexuellen Identität werden hier berührt.

Schlussphase

Jetzt kann der Therapeut sich mehr und mehr zurücknehmen. Der Patient hat gelernt, sein inneres Gespräch mit sich selbst zu führen. Jetzt gleicht die Behandlung der einer tiefenpsychologischen Psychotherapie, in der der Therapeut seine aktive Rolle aufgeben kann und nur noch durch Interpretationen und Deutungen die inneren Entwicklungsmöglichkeiten seines Patienten fördert. Das Ziel jeder Psychotherapie ist es eigentlich, den Therapeuten für den Patienten entbehrlich zu machen. Dies ist das zentrale Anliegen in der Schlussphase. In dieser Phase wird auch die Sitzungsfrequenz geringer.

Die Grenzen der Methode

Der Behandlungsansatz der TFP erfordert einen klaren Kopf. Er ist nicht geeignet für Betroffene, die eine Sucht entwickelt haben. Das Verfahren ist auch nicht geeignet für Betroffene, deren Selbstschädigungstendenzen ein Ausmaß und eine Häufigkeit angenommen haben, dass darüber ein sinnvoller Kontrakt nicht mehr möglich erscheint. Ein Betroffener, der sich täglich selbst verletzt, ist nicht mehr in der Lage, für diesen Fall sinnvolle Verabredungen zu treffen. Es kann aber durchaus sinnvoll sein, dass diese Betroffenen vor einer psychodynamischen Therapie eine stationäre Behandlung – etwa eine DBT – absolvieren, bei der es vorrangig darum geht, Selbstverletzungen und Suizidversuche zu reduzieren.

Zusammenfassung

Für die Behandlung der Borderline-Störung wurde in der Tiefenpsychologie das spezielle Behandlungskonzept der übertragungsfokussierten Psychotherapie (TFP) entwickelt. Es ist im Gegensatz zu anderen tiefenpsychologischen Verfahren klar strukturiert. In der aktuellen Beziehung zum Therapeuten wird dem Patienten sein unbewusstes Muster, Beziehungen zu gestalten, deutlich. Indem er erkennt, welcher Abwehrmechanismen er sich bedient und diese überwindet, kommt er zu neuen, alternativen Möglichkeiten, Beziehungen zu erleben und zu formen. Dabei gilt wie in der DBT eine klare Themenhierarchie, die Selbstbeschädigungen immer Vorrang einräumt.

Vergleich von DBT und TFP

Gemeinsame Behandlungsstrategien

Beide borderlinespezifischen Therapien zeigen wesentliche Gemeinsamkeiten: Die Programme sind gut strukturiert und führen zu vergleichsweise wenig Therapieabbrüchen. Sie motivieren Betroffene, eine Psychotherapie (wieder) anzugehen und haben einen klaren zentralen Brennpunkt: die Reduktion selbstbeschädigenden Verhaltens bei der DBT und eine Verbesserung der interpersonellen Beziehungen bei der TFP. Beide Therapieangebote sind auf längere Behandlungsdauer ausgelegt. Sie sehen beide eine enge Therapeuten-Patienten-Beziehung vor, die dem Therapeuten mehr aktive Interventionsmöglichkeiten als bei anderen Psychotherapieformen gestatten. Dies zeigt sich etwa in den Möglichkeiten der telefonischen Kontaktaufnahme oder in der Hierarchisierung der Themen. Beide Therapieformen sind auch gut mit anderen Hilfsangeboten wie zum Beispiel von Suchtberatungsstellen oder psychiatrischen Abteilungen kombinierbar.

Die Beziehung zwischen dem Therapeuten und dem Patienten ist der wichtigste Faktor.

Unterschiede

Die theoretischen Grundlagen beider Therapieformen sind unterschiedlich. Man kann auch sagen, sie haben ein unterschiedliches Menschenbild.

Die DBT richtet ihr Augenmerk v.a. auf durch äußere Reize ausgelöste Reaktionen im Verhalten, der Emotionsregulation und der Impulskontrolle. Als Ursache einer Borderline-Störung sieht die DBT einen letztlich biologischen Mangel, Emotionen angemessen zu regulieren. Zur Störung kommt es, wenn Betreuungspersonen und Umwelt des späteren Patienten diese emotionalen Probleme nicht erkennen und dadurch immer heftigere Reaktionen hervorrufen. Aus diesen entstehen irgendwann Impulskontrollstörungen und Selbstbeschädigungen. Die »Kommunikationsprobleme« mit der Umwelt werden immer gravierender. Der spätere Patient entwickelt immer weniger passende Bewältigungsstrategien und kann auf diese nur immer beschränkter zurückgreifen.

Auch die Tiefenpsychologie versteht die Borderline-Störung als das Resultat einer gestörten frühkindlichen Entwicklung. Sie geht dabei aber von einem Modell eines gewissermaßen geschlossen funktionierenden psychischen Systems aus. Im Gegensatz zu einem Reiz-Reaktionsmodell versucht das tiefenpsychologische Modell die Welt im Kopf des Patienten, die Art und Weise, wie er seine Eltern und andere frühe Betreuungspersonen zu Akteuren seines inneren Theaters gemacht hat, zu berücksichtigen. Die Probleme, die Emotionen zu kontrollieren und den Alltag zu bewältigen, stammen aus der Welt dieses inneren Theaterstücks. Die Therapie wird der Versuch sein, manche Rolle anders zu besetzen und einen Teil des Textes anders zu formulieren.

Für wen welche Therapie?

Bisher gibt es aus der Psychotherapieforschung zur Behandlung der Borderline-Störung keine verlässlichen Ergebnisse, die eindeutige

Empfehlungen dazu möglich machen, welchem Patienten welcher Therapieansatz wohl besonders hilfreich sein wird. Dies gilt ebenso für die Entscheidung, für welche Patienten eine vollstationäre beziehungsweise teilstationäre oder ambulante Behandlung am besten ist. Erste Beobachtungen können jedoch formuliert werden: Einen Rückgang in der Häufigkeit von Selbstverletzungen und deswegen meist notwendig werdenden Krankenhausbehandlungen zeigten sowohl DBT-Patienten als auch Patienten, die mit einem tiefenpsychologisch orientierten Ansatz behandelt wurden. Letztere zeigten aber häufiger auch einen Rückgang bei anderen psychischen Begleitsymptomen wie Depressivität und Angst, und eine bessere psychosoziale Anpassungsleistung. Während also bei der DBT vor allem die Zahl der selbstschädigenden Handlungen rückläufig war, zeigte sich in einer neueren Untersuchung, dass unter einer psychoanalytisch orientierten Behandlung sich andere Symptome wie Depressivität und Angst gut und dauerhaft verbesserten.

Schlüsse lassen sich daraus definitiv noch nicht ziehen, aber möglicherweise ist für Betroffene mit depressiver Begleitsymptomatik eine tiefenpsychologisch orientierte Therapie eher zu empfehlen.

Was macht den Erfolg einer Psychotherapie aus?

Es gibt nur wenig, was in der Psychotherapie tatsächlich als wirksames Element nachgewiesen werden konnte. Grundeinsicht der Psychotherapieforschung ist, dass die Person des Therapeuten die wichtigste Rolle spielt. Daneben scheint die jeweilige therapeutische Schule, aus der der Therapeut seine Kompetenz bezieht, von untergeordneter Bedeutung zu sein.

Entscheidend ist, dass die »persönliche Chemie« zwischen Patient und Therapeut stimmt.

Umso wichtiger ist es für Betroffene, sich vor Beginn einer Therapie die Frage zu stellen, ob sie sich vorstellen können, mit dieser Therapeutin oder jenem Therapeuten eine längere Phase ihrer Lebenszeit zu verbringen. Die therapeutischen Sitzungen nehmen nur den geringsten Teil dieser Zeit ein. Auch in Phantasien, im Nachdenken, beim individuellen Problemlösen und in Konflikten wird es dieser Therapeut sein, der einem über die Schulter schaut, auch wenn die Stunde gerade vorbei ist.

Wie finde ich den für mich geeigneten Psychotherapeuten?

Es gibt mehrere Möglichkeiten, eine Psychotherapeutin oder einen Psychotherapeuten zu finden. Manchmal sind Tipps von Freunden und Bekannten hilfreich. Oft kann auch der Hausarzt mit Empfehlungen weiterhelfen. Wenn nicht, kann bei der zuständigen Krankenkasse oder Versicherung eine Liste der (von den Kassen zugelassenen) Psychotherapeuten angefordert werden (vgl. Adressenverzeichnis).

Vielerorts unterhalten auch die Kassenärztlichen Vereinigungen Koordinationsstellen für Psychotherapie. Freie Therapieplätze werden dort gemeldet, damit Patienten schnell vermittelt werden können und die Wartezeiten kurz sind. Auch die Fachgesellschaften der einzelnen Psychotherapierichtungen geben gerne Auskunft (vgl. Adressenverzeichnis).

Dennoch, einen geeigneten Psychotherapeuten zu finden, ist nicht immer einfach. Zum einen besteht immer noch eine Lücke in der psychotherapeutischen Versorgung der Bevölkerung, besonders im ländlichen Bereich, und oft entstehen lange Wartezeiten bis zum Therapiebeginn. Zum anderen ist manchmal auch nicht leicht zu erkennen, ob die Psychotherapeutin, die man endlich gefunden hat, wirklich die Richtige für einen ist.

Ganz wichtig ist es darauf zu achten, ob die persönliche Chemie zwischen Psychotherapeut und Patient als stimmig erlebt wird, ob der Betroffene sich beispielsweise in der Gegenwart des Therapeuten angenommen und wohl fühlt. Unter anderem um dies herauszubekommen gibt es »Probetermine«, die so genannten **probatorischen Sitzungen**: Das sind die ersten fünf Sitzungen, für die der Therapeut noch nicht den bürokratischen Aufwand eines ausführlich begründeten Antrages an die Krankenkasse für die Kostenübernahme auf sich nehmen muss. Der Therapeut hat die Möglichkeit zu prüfen, ob es sich um eine Störung handelt, die mit psychotherapeutischen Mitteln behandelt werden kann. Der Patient kann in dieser Zeit in sich hören und zu sehen versuchen, ob ein sicheres Gefühl von Sympathie gegenüber der Therapeutin oder dem Therapeuten entsteht.

Achten Sie darauf, ob Sie sich von Ihrem Psychotherapeuten angenommen fühlen.

Fragen, die sich Therapiesuchende immer stellen sollten:

- Fühle ich mich angenommen?
- Fühle ich mich ernst genommen?
- Haben wir miteinander gesprochen? Oder hat sie, er zu mir oder sogar über mich gesprochen?
- Kann ich fragen und erhalte ich Antworten?
- Fühle ich mich nach den ersten Gesprächen zuversichtlicher, irgendwie »aufgebaut«?

Nur wenn diese Fragen wirklich bejaht werden können, kann sich auch im Weiteren eine tragfähige therapeutische Beziehung entwickeln.

Kostenübernahme – die Abwicklung mit der Krankenkasse

Vor Beginn einer Psychotherapie ist es im eigenen Interesse nötig, mit dem ausgewählten Psychotherapeuten die Fragen der Kostenübernahme durch die Krankenkasse oder Versicherung zu erörtern. Bei gesetzlich krankenversicherten Patienten wird diese Frage ohnehin vom ärztlichen oder psychologischen Psychotherapeuten angesprochen werden. Er muss für jede Form von Psychotherapie nach Ablauf der probatorischen Sitzungen einen ausführlichen Antrag an die Krankenkasse richten. Das gilt für eine Kurzzeitbehandlung von 25 Stunden oder eine mittel- oder langfristige Therapie ebenso wie für eine Gruppentherapie.

Bei Therapeuten, die nicht gesetzlich anerkannte Therapieverfahren praktizieren, müssen die entstehenden Kosten vom Patienten beglichen werden.

Die Richtlinienpsychotherapie

In Deutschland sind von den mehr als 300 beschriebenen psychotherapeutischen Behandlungsverfahren im Wesentlichen nur zwei Hauptrichtungen für die Kostenerstattung von den gesetzlichen Krankenkassen und den Beihilfestellen anerkannt: Verhaltenstherapeutische Verfahren und tiefenpsychologische Verfahren, jeweils in Einzel- und Gruppenbehandlung. Zum Teil hat dies historische Gründe: Die beiden genannten Richtungen sind in Deutschland schon lange die Hauptvertreter der Psychotherapie.

Andere Verfahren müssen erst ein Zulassungsverfahren durchlaufen, in dem wissenschaftliche Belege für die Effektivität der Methode vorgelegt werden müssen. So ist es beispielsweise den Vertretern der Familientherapie bislang nicht gelungen, trotz der im Einzelfall guten Behandlungsergebnisse dieser Methode, genügend Studienergebnisse vorzulegen, die eine so hohe Effektivität belegen, dass die gesetzlichen Krankenkassen zur Übernahme der Kosten für diese Behandlung verpflichtet werden müssten.

Privatversicherte Patienten sollten im Vorfeld klären, bis zu welchem Umfang ihre Versicherung psychotherapeutische Leistungen übernimmt: Manche Versicherungen beschränken die Zahl der Leistungen pro Jahr, andere übernehmen nur Stundenhonorare bis zu einer bestimmten Höhe. Auch kann je nach Vertrag besonders bei beihilfeberechtigten Patienten pro Therapiestunde ein Eigenanteil zur Übernahme durch den Patienten anstehen.

Private Krankenversicherungen übernehmen im Einzelfall auch die Kosten für Verfahren außerhalb der Richtlinienpsychotherapie wie Familientherapie oder Gestaltpsychotherapie und andere. Allerdings ist dringend zu empfehlen, vor der Aufnahme einer Psychotherapie immer mit dem Kostenträger die Erstattungsfrage zu regeln. Ansonsten können böse Überraschungen drohen.

Wer macht Psychotherapie?

In Deutschland ist 1999 das Psychotherapeutengesetz in Kraft getreten. Es regelt, dass neben Ärzten auch Psychologen und im Falle von Kinder- und Jugendlichen-Psychotherapie auch Pädagogen ambulante Psychotherapien anbieten dürfen. Sie sind auch standesrechtlich den Ärzten gleichgestellt. Per se sind weder Ärzte noch Psychologen oder Pädagogen allein über ihr Studium zur Ausübung der Psychotherapie qualifiziert. Alle drei Gruppen müssen eine psychotherapeutische Zusatzqualifikation über eine entsprechende Weiterbildung an einem staatlich anerkannten Institut erwerben, derzeit in einer der beiden Hauptrichtungen Verhaltenstherapie oder Tiefenpsychologie. Nach dem Abschluss dieser Weiterbildung passieren sie ein Zulassungsverfahren bei der Kassenärztlichen Vereinigung. Daneben gibt es noch zwei Facharztgruppen, die die Psychotherapieausbildung im Rahmen ihrer Facharztausbildung zwingend absolvieren müssen.

Dies sind der Facharzt für psychotherapeutische Medizin und der Facharzt für Psychiatrie und Psychotherapie. Nicht jeder Psychiater ist auch Psychotherapeut; erst seit 1993 ist die Kombination vorgeschrieben. Nur diejenigen Psychiater dürfen die Psychotherapie auf dem Praxisschild führen, die auch eine psychotherapeutische Weiterbildung absolviert haben.

Der Psychotherapieantrag

Wenn Sie sich für einen Psychotherapeuten entschieden und ihm im Anschluss an die probatorischen Sitzungen Ihren unterschriebenen Psychotherapieantrag abgegeben haben, wird er einen Antrag auf Kostenübernahme der Psychotherapie an die jeweilige Kasse beziehungsweise die Beihilfestelle richten. In einem Bericht zu Ihrem Erstantrag muss er bestimmte Aspekte der Vorgeschichte darstellen, insbesondere die biografische Entwicklung, und begründen, warum bei Ihnen eine Psychotherapie voraussichtlich hilfreich sein wird. Wird die Psychotherapie von einem psychologischen Psychotherapeuten durchgeführt, muss dieser mit seinem Bericht an den Gutachter auch noch einen ärztlichen Konsiliarbericht einreichen: Ein Arzt muss darin eine körperliche Erkrankung ausschließen und gegebenenfalls Gründe nennen, die eine gleichzeitige ärztliche Behandlung erforderlich machen. Dies ist zum Beispiel immer der Fall, wenn eine medikamentöse Behandlung nötig wird (s. S. 117).

Datenschutz

Die therapierelevanten Angaben über den Patienten werden in einem besonderen Umschlag verschlossen und der Krankenkasse oder der Beihilfestelle mit dem Antrag zugeleitet. Dieser Umschlag wird ungeöffnet und anonymisiert (also ohne Namen und nur mit einer Chiffre versehen) an einen Gutachter der jeweiligen Krankenkasse weitergegeben. Es ist also ausgeschlossen, dass Sachbearbeiter der Kasse oder Beihilfestelle Kenntnis von diesen therapeutischen Daten erhalten. Der Gutachter seinerseits erfährt von Ihnen nur Ihre Chiffrenummer, unter der der gesamte Antrag bei der Krankenkasse registriert ist. In seiner Stellungnahme an die Krankenkasse oder Beihilfestelle geht der Gutachter nicht auf die ihm bekannt gewordenen Sachverhalte ein. Die gesamte Antragstellung wahrt also den persönlichen Datenschutz.

In aller Regel vergehen nach der Antragstellung vier bis sechs Wochen bis zur Stellungnahme des Gutachters. Meist ist die Therapie noch nicht abgeschlossen, wenn die Anzahl der im Erstantrag genehmigten Stunden erreicht ist. Dann schließen sich in vorgeschriebenen Abständen (nach 25, 40, 50, 80 oder 90 Therapieeinheiten) jeweils Verlängerungsanträge an. Auch für diese ist wieder ein Bericht Ihres Psychotherapeuten notwendig, in dem er der Kasse gegenüber über den bisherigen Therapieverlauf sowie über erreichte und noch nicht erreichte Therapieziele Auskunft gibt. Auch diese Auskünfte sind anonymisiert und nur dem Gutachter zugänglich.

Stationäre Psychotherapie

Bei einem besonderen Schweregrad oder bei krisenhaften Zuspitzungen einer Borderline-Störung kann eine stationäre psychotherapeutische Behandlung notwendig werden. Sie kann entweder auf entsprechenden Psychotherapiestationen von psychiatrischen Fachkrankenhäusern oder psychiatrischen Abteilungen an Allgemeinkrankenhäusern oder in psychotherapeutisch-psychosomatischen Fachkliniken durchgeführt werden. Für die beiden ersten Fälle reicht eine ärztliche Einweisung. Bei psychotherapeutischen Spezialstationen wird der einweisende Arzt unter Umständen noch einen Vorgesprächstermin vereinbaren müssen.

Für die Behandlung in psychotherapeutisch-psychosomatischen Fachkliniken ist die Kostenübernahme uneinheitlich. Wenn diese Kliniken mit den Krankenkassen eine Vereinbarung haben, dass sie auch Akutbehandlungen durchführen dürfen, übernehmen die Krankenkassen die Kosten. Man spricht in diesem Fall von einer krankenhausanalogen Behandlung. Bestehen solche Vereinbarungen nicht, ist der Rentenversicherungsträger verpflichtet, eine medizinische Rehabilitationsmaßnahme durchzuführen. Kostenträger ist in diesem Fall also der Rentenversicherungsträger. Daneben gibt es noch »reine« Privatkliniken, die vom Patienten selbst die Kostenübernahme verlangen und es ihm überlassen, sich bei den Kostenträgern um eine Kostendeckung zu bemühen. Die kompetenteste Auskunft, welche Kostendeckung in Ihrem Fall anzustreben sein wird, erhalten Sie in aller Regel vom Aufnahmebüro der jeweiligen Fachklinik, die Ihr behandelnder Arzt oder Psychotherapeut mit Ihnen ausgewählt hat.

Stationäre Behandlung

Ein Klinikaufenthalt ist sinnvoll oder sogar notwendig
- bei Selbst- und Fremdgefährdung
- bei psychotischen oder psychosenahen Symptomen
- zur Abklärung weiterer therapeutischer und sozialtherapeutischer Maßnahmen
- bei schwerwiegenden Problemen oder Konflikten im sozialen Umfeld
- bei vorliegender Suchtproblematik
- als »Auszeit«, wenn es so nicht mehr weiter geht
- zur Vorbereitung auf eine ambulante Therapie

Zusammenfassung

In der Behandlung der Borderline-Störung werden vor allem verhaltens-therapeutische und tiefenpsychologisch fundierte Verfahren eingesetzt, die beide auch störungsspezifische Ansätze entwickelt haben. Am bekanntesten sind heute die DBT M. Linehans' und die TFP O. Kernbergs. In allen Verfahren zeigte sich eine vertrauensvolle Beziehung zwischen Therapeut und Patient als wichtigster Erfolgsfaktor.
Bei der Suche nach einem geeigneten Psychotherapeuten sollte deshalb die Frage: »Fühle ich mich angenommen?« eine entscheidende Rolle spielen.

Medikamentöse Behandlung

▶ Ich weiß seit sechs Jahren von meiner Borderline-Diagnose, habe auch schon drei stationäre Klinikaufenthalte hinter mir, und habe seitdem kaum noch Probleme mit den Selbstverletzungen, Albträumen oder Essproblemen. Seit längerer Zeit habe ich auch keine Medikamente mehr genommen. Aponal habe ich als Reserve zu Hause. Aber jetzt habe ich seit Wochen wieder mit starken Stimmungsschwankungen zu kämpfen, dann werde ich ohne es zu wollen auch verbal wieder sehr aggressiv. Seit dieser Zeit habe ich auch wieder verstärkt den Drang, mich zu schneiden oder mir anderweitig Schmerzen zuzufügen. Die Schlaflosigkeit ist furchtbar, irgendetwas scheint mich wach zu halten, aber ich kann nicht sagen, was. ◀

Im Langzeitverlauf einer Borderline-Störung wird bei vielen Patienten immer wieder auch eine medikamentöse Behandlung erforderlich. Um es gleich vorwegzunehmen: Es gibt weder das Medikament der Wahl, noch gibt es eine wirklich zufriedenstellende medikamentöse Behandlung der Störung, wie mittlerweile etwa bei Depressionen oder auch bei Schizophrenie. Dennoch können Psychopharmaka, über einen gewissen Zeitraum und nach rationalen Erwägungen gegeben, hilfreich und notwendig und über weite Strecken eine gute Ergänzung sein. Viele Therapeuten haben mittlerweile eine breite Erfahrung in der Verwendung von Medikamenten bei der Borderline-Störung. Über 80 Prozent aller Borderline-Patienten, die sich in ärztlicher Behandlung befinden, werden zeitweise mit Psychopharmaka behandelt.

> Im Langzeitverlauf einer Borderline-Störung wird immer auch eine medikamentöse Behandlung notwendig werden.

Welches Medikament gegen welche Symptome?

Die Symptome einer Borderdine-Störung können sehr vielgestaltig sein: Nicht nur Suizidalität und Selbstbeschädigungstendenzen, sondern auch die häufigen depressiven Zustände, Angst, psychotische Zustände und Störungen der Impulskontrolle bereiten Betroffenen große Schwierigkeiten. Borderlinespezifisch ist auch die hohe Komorbidität anderer psychischer Störungen. Das heißt: Die Borderline-Störung wird oft von vielen weiteren Störungen begleitet. Nicht selten haben Borderliner zum Beispiel gleichzeitig eine Angststörung und/oder eine Essstörung und/oder eine ausgeprägte Depression und nicht wenige leiden unter massivem Drogen- oder Alkoholmissbrauch (s. S. 62 ff.).

Die Vielgestaltigkeit dieser Störung und die Vielzahl ihrer Begleiterkrankungen führen dazu, dass recht unterschiedliche Medikamente zum Einsatz kommen. Denn die unterschiedlichen Symptome und jede der möglichen Störungen, unter denen Borderliner leiden, machen je eine spezifische Medikation notwendig.

Depressionen

Fast alle Betroffenen erleben im Verlauf ihrer Borderline-Erkrankung immer wiederkehrende depressive Episoden, die manchmal vielleicht nur einige Tage oder Wochen andauern, sich in anderen Fällen aber auch über Monate hinziehen können. Die für die Borderline-Störung typischen Suizidversuche (nicht so sehr die wiederkehrenden Selbstbeschädigungen) stehen häufig in Zusammenhang mit gleichzeitig bestehenden Depressionen.

Bei depressiven Störungen besteht ein Mangel an Neurotransmittern, also an Botenstoffen in für die Stimmungsregulierung wichtigen Regionen des Gehirns. Vor allem sind dies die Botenstoffe Serotonin und Noradrenalin.

Im Allgemeinen werden Depressionen mit so genannten Antidepressiva behandelt. Für die Wirksamkeit dieser Medikamente bei Depressionen im Rahmen einer Borderline-Störung ist die Datenlage immer noch kontrovers. Es liegen aber viele Einzelfallberichte und Beobachtungen vor, dass vor allem **Serotonin-Wiederaufnahmehemmer** solche depressiven Zustände rasch zum Abklingen bringen können. Diese Substanzen vermindern die Wiederaufnahme des Serotonins, das an den Verbindungsstellen der Nervenzellen ausgeschüttet wird. Dadurch erhöht sich die Serotoninkonzentration am synaptischen Spalt zwischen den Nervenzellen (s. S. 54).

Aus dieser Gruppe von Medikamenten wurde vor allem **Fluoxetin** bei besonders vielen Borderline-Patienten erprobt. Dabei zeigte sich zunächst, dass durchaus höhere Dosierungen bis zum Vierfachen der Standarddosierung notwendig sein können. Vor allem bei Doppelblindstudien stellte sich zudem die Wirksamkeit von Antidepressiva bei der Depression von Borderline-Patienten nicht so günstig dar wie es der erste Eindruck aus den Einzelfallbeobachtungen nahe legt. Es liegen Studien vor, in denen eine Wirksamkeit nicht nachgewiesen werden konnte. In anderen Untersuchungen zeigte sich, dass Fluoxetin gegenüber einem Placebo zwar wirksam, der positive Effekt aber nicht so deutlich wie bei der Behandlung eigenständiger Depressionen war.

Überprüfung der Medikamentenwirkung mit kontrollierten Studien

Bei so genannten kontrollierten Studien zur Medikamentenwirkung wird die Wirkung eines Medikamentes mit einem Scheinmedikament (Placebo) oder einem anderen Medikament verglichen. Dabei ist es wichtig, dass Arzt und Patient nicht wissen, ob ein »richtiges« Medikament oder aber ein Scheinmedikament eingenommen wird – daher die

Bezeichnung Doppelblindstudie. Im Verlauf einer solchen Untersuchung wird präzise erfasst, wie sich ein Medikament auf die Symptomatik auswirkt und welche unerwünschten Arzneimittelwirkungen auftreten. Dabei müssen verschiedene Anwendungsgebiete eines Medikamentes unterschieden werden. Für allein auftretende Depressionen wurde in vielen Studien die gute Wirksamkeit von Antidepressiva nachgewiesen. Zur Depressionsbehandlung im Rahmen einer Borderline-Störung gibt es bislang nur vergleichsweise wenige Untersuchungen.

Auch die bei Borderlinern so häufig anzutreffenden extremen Stimmungsschwankungen können medikamentös behandelt werden. Vor allem wenn sie von kurzer Dauer sind und mehrfach am Tage auftreten, kann die Behandlung mit **Lithiumsalzen**, wie sie sich seit vielen Jahren in der vorbeugenden Behandlung vor allem manisch-depressiver Erkrankungen bewährt haben, hilfreich sein. Es gibt auch sehr positive Erfahrungsberichte zum Einsatz von so genannten »**mood stabilizern**« (Stimmungsstabilisatoren). Dies sind Medikamente, die ursprünglich in der Epilepsiebehandlung verwendet wurden und seit einigen Jahren auch zur Stimmungsstabilisierung Patienten mit manisch-depressiven Störungen mit gutem Erfolg gegeben werden. Es sind dies vor allem Carbamazepin, Valproinsäure und Lamotrigin. Bei diesen Substanzen kann es allerdings, wenn auch nur sehr selten, zu sehr deutlichen unerwünschten Nebenwirkungen kommen. Alle genannten Medikamente kommen bei der Borderline-Störung außerhalb ihres vorgesehenen Anwendungsgebiets zum Einsatz: Das verlangt eine besonders intensive ärztliche Aufklärung.

Suizidalität

Die Selbsttötungsrate bei Borderline-Patienten ist, wie wir gesehen haben, erschreckend hoch. Sie liegt auch in der Langzeitbeobachtung bei 10 Prozent. Deswegen wurden große Anstrengungen unternommen, die Suizidalität der Betroffenen medikamentös zu beeinflussen. In Fallberichten und offenen Studien, bei denen Arzt und Patient im Gegensatz zu Doppelblindstudien wissen, welches Medikament gegeben wird, fand sich, dass den Serotoninspiegel beeinflussende Antidepressiva wie **Fluoxetin** oder **Sertralin** einen günstigen Einfluss auf suizidales Verhalten hatten. Es wurde ein Rückgang von Suizidgedanken, -impulsen und -handlungen festgestellt.

Selbstverletzungen

Auch dieses Symptom kann medikamentös beeinflusst werden, positiv wie negativ. Fallberichte zeigen, dass wieder die bereits mehrfach genannten **Serotonin-Wiederaufnahmehemmer** die Selbstverletzungen reduzieren konnten. Auch mit **Risperidon** verringerte sich in Einzelfällen das selbstverletzende Verhalten erfreulich. Risperidon ist ein so genanntes **atypisches Neuroleptikum**, also ein antipsychotisch wirkendes Medikament der neueren Generation aus der Schizophreniebehandlung.

Ein anderer Behandlungsansatz ist die Therapie mit **Naltrexon**, einem Medikament, das die Wirkung von Opiaten aufhebt, einer Stoffgruppe, zu der viele Rauschmittel gehören. Es wird daher vor allem in der Behandlung drogenabhängiger Menschen verwendet. Warum dieses Medikament sich hier als hilfreich erwies, ist nicht wirklich klar. Möglicherweise wird bei selbstverletzenden Handlungen unser körpereigenes Schmerz stillendes System aktiv. Bei Selbstverletzung setzt unser Gehirn Endorphine frei, also körpereigene Neurotransmitter, die schmerzstillend wie Opiate wirken (s. S. 24). Vielleicht empfinden Betroffene, die sich sehr häufig verletzen, dabei einen ähnlichen »Kick« wie ihn ein Drogenabhängiger erlebt. Die Blockade dieses Mechanismus durch Naltrexon kann dann helfen, diesen Teufelskreis zu durchbrechen. Auch bei sogenannten »dissoziativen« Zuständen (s. S. 80) kann die Behandlung mit Naltrexon versucht werden. Die häufigste Nebenwirkung des Medikaments, starke Übelkeit, begrenzt häufig die Anwendung.

Impulsivität und Aggressivität

Die starken Stimmungsschwankungen und die Schwierigkeit, eigene Impulse zu kontrollieren, führen häufig zu aggressiven Durchbrüchen. Vor allem Männer mit einer Borderline-Störung neigen zu aggressiven Verhaltensweisen. Mit diversen Medikamenten wurde versucht, solchen Impulskontrollstörungen zu begegnen. Unter offenen Behandlungsansätzen (Arzt und Patient wissen, welches Medikament gegeben wird) zeigte sich, dass auch hier wieder in den Serotoninhaushalt eingreifende Antidepressiva, Neuroleptika und einige Antiepileptika wie etwa Valproinsäure einen gewissen Behandlungserfolg erzielen. Bei den sehr wenigen kontrollierten Studien (siehe Kasten S. 119) hierzu waren dagegen lediglich mit dem Antidepressivum **Fluoxetin** und dem klassischen Neuroleptikum **Haloperidol** messbare Verbesserungen zu erreichen.

Psychotische Zustände (»Mikropsychosen«)

Bei Betroffenen können, meist nur kurzzeitig, Symptome auftreten, die denen einer Schizophrenie durchaus ähneln. Dies hat früher dazu geführt, dass Borderline-Störungen diagnostisch in der Nähe der schizophrenen Psychosen eingeordnet wurden.

Auch bezüglich dieser psychotischen Symptome zeigten **Fluoxetin** wie auch **Haloperidol** Wirksamkeit. Wegen der deutlich geringeren Nebenwirkungen werden heute neuere so genannte atypische Neuroleptika dem Haloperidol vorgezogen. Studienergebnisse liegen zu diesen noch nicht vor, wohl aber Erfolg versprechende Einzelfallberichte. Allgemeine Expertenmeinung ist, dass eine antipsychotische Behandlung dieser Mikropsychose immer notwendig ist. Zu groß ist die Gefahr, dass dieses Symptom in eine länger dauernde Psychose einmündet.

Angst und Zwangsstörungen

Bis zu 88 Prozent der Betroffenen entwickeln im Verlauf der Erkrankung behandlungsdürftige Ängste, seien es Phobien (also an bestimmte Objekte gebundene Ängste wie etwa Tierphobien) oder generalisierte Ängste. Auch Zwangssymptome können sehr ausgeprägt auftreten.

Für beide Störungsbilder haben sich wieder **Serotonin-Wiederaufnahmehemmer** als brauchbar erwiesen, die auch bei der Therapie anderer Angst- und Zwangsstörungen, die nicht im Zusammenhang mit einer Borderline-Störung stehen, erfolgreich verwendet werden. Allerdings müssen sie gerade bei Zwangssymptomen höher dosiert werden als etwa in der Depressionsbehandlung (bis zum Drei- oder Vierfachen der sonstigen Tagesdosis). Meist dauert es hier auch länger, bis die erwünschte Wirkung eintritt. Dies ist für Betroffene oft schwierig: Es fällt einfach schwer, bis zu zwölf Wochen täglich ein Medikament einzunehmen, ohne dass sich eine Wirkung zeigt. Angstsymptome, besonders wenn sie in Form von Panikattacken in Erscheinung treten, sind üblicherweise auch einer Behandlung mit Benzodiazepinen, also Beruhigungsmitteln vom Valium-Typ, zugänglich. Allerdings kann ihr Einsatz bei Borderline-Patienten, außer in akuten Krisensituationen, die eine sofortige Intervention erfordern, nicht empfohlen werden. Denn Benzodiazepine machen abhängig und dieses Abhängigkeitspotenzial wirkt sich gerade bei Borderline-Patienten ganz besonders negativ aus. Sind diese Medikamente erst einmal verordnet, neigen Betroffene dazu die Dosierung rasch zu erhöhen. Sie geraten so schnell in den Teufelskreis von Wirkungsverlust, Dosiserhöhung und beginnender Abhängigkeit. Es gibt darüber hinaus auch eindrückliche Hinweise, dass Benzodiazepine bei Borderline-Patienten eher zu einer Zunahme der emotionalen Instabilität führen.

Medikamente bei der Borderline-Störung – ein Gesamtbild

Wirksamkeit der medikamentösen Behandlung

Insgesamt ist die medikamentöse Behandlung einzelner Symptome der Störung gut etabliert. Wie sich Medikamente jedoch auf den oft langjährigen Gesamtverlauf der Störung auswirken, ist noch nicht hinreichend erforscht. Nach bisheriger medizinischer Erfahrung kann man heute Folgendes sagen:

- Die medikamentöse Therapie kann vor allem die emotionale Störung und die Impulskontrolle verbessern helfen, bei psychotischen Zuständen auch den Kontakt zur Realität.
- Für eine Vielzahl der Symptome dieser Störung scheinen Serotonin-Wiederaufnahmehemmer günstig zu sein.
- Die dauerhafte (d.h. über Jahre hinweg erfolgende) Einnahme von Neuroleptika, Lithiumsalzen oder Medikamenten aus der Epilepsiebehandlung, die bei anderen psychischen Störungen sonst durchaus Verwendung finden, lässt sich nicht empfehlen. Kurzzeitig können einige dieser Medikamente jedoch sinnvoll sein.

Von besonderer Wichtigkeit ist, dass auf jeden Fall für die medikamentöse Therapie ein sehr individueller Behandlungsplan erstellt wird. Dabei muss deutlich werden, welche Zielsymptome mit welchem Medikament gebessert oder zum Verschwinden gebracht werden sollen.

Substanzklasse	Depression	Impuls-Kontrolle	Angst/Zwänge	Psychotisches Erleben
SSRI	+++	+ /++	++	–
Andere AD	++	+	+	–
Klassische Neuroleptika	–	+	–	+++
Atypische Neuroleptika	+	+	–	+++
Antiepileptika (mood stabilizer)	+	+	–	–
Lithiumsalze	+	+	–	–
Benzodiazepine	–	–	(+)	(+)

+++ sehr gut wirksam
++   gut wirksam
+   Wirkung im Einzelfall
(+) nur zur kurzzeitigen Akutbehandlung bei akuter Angst und psychotischer Spannung
–   keine gesicherte Wirkung

Abkürzungen:
SSRI = Serotonin-Wiederaufnahmehemmer
AD = Antidepressiva

Zusammenfassung

Mit Medikamenten lassen sich nur die Symptome einer Borderline-Störung bekämpfen. Dies ist allerdings gerade zur Unterstützung einer Psychotherapie oft sinnvoll. Insbesondere Serotonin-Wiederaufnahmehemmer zeigen für mehrere Symptome eine positive Wirkung. Die Einnahme anderer Medikamente macht in der Regel nur kurzzeitig Sinn, wie z.B. für Neuroleptika bei akuten psychotischen Zuständen. Immer sollte ein individueller Behandlungsplan erstellt werden.

Die Borderline-Störung in der Familie

Es sind meist die spektakulären Symptome wie Suizidalität, Selbstverletzungen, Essstörungen oder Drogenmissbrauch, die Familien zum ersten Mal aufschrecken. Die meisten Eltern sind dann wie vor den Kopf gestoßen. Wie könnte man auch verstehen, dass sich die Tochter selbst verletzt?! Wie ist es auszuhalten, dass der Sohn zum Junkie zu werden droht?! Wie ist es mit dem Selbstbild, das man von sich als gute Mutter, guter Vater hat, zu vereinen, dass die eigene Tochter versucht hat, sich das Leben zu nehmen?!

Mein Kind ist Borderliner

Ines

▶ Ines fühlte schon als Kind, dass sie anders war als die anderen. Sie fühlte schon als Kind eine Traurigkeit, über die sie jedoch erst viel später sprechen konnte. Ihren Eltern, beide auch eher zurückhaltend und melancholisch, fiel an Ines nichts auf. Sie sei eben ein ernstes Kind. Zu ihrem Vater hatte sie eine sehr zurückhaltende Beziehung. Später sagte sie, dass sie ihn eigentlich hätte siezen sollen, so wenig vertraut war er ihr. Die Kindheit verlief still und planmäßig – besorgte Eltern und ein Einzelkind.

Als Ines acht Jahre alt war, erkrankte ihre Mutter schwer. Viel später erst erfuhr Ines, dass es sich um ein Krebsleiden handelte und dass lange nicht klar war, ob ihre Mutter die Krankheit überleben würde. Ihr Vater war schnell überfordert. Ines verbrachte das folgende halbe Jahr bei Onkel und Tante, einem kinderlosen Ehepaar. Über diese Zeit weiß Ines heute nichts zu berichten. Dieses halbe Jahr bei Onkel und Tante ist wie ausgelöscht aus ihrem Gedächtnis, obwohl sie sich sonst gut an ihre Kindheit erinnern kann und auch an die Zeit vor der Krankheit ihrer Mutter eine ganz lebendige Erinnerung hat. Als sie wieder nach Hause kam – daran erinnert sie sich wieder – litt sie unter Schlafstörungen und Albträumen. Sie rannte dann verängstigt und unansprechbar ins Zimmer ihrer Eltern, die ratlos waren. Sie machten sich Vorwürfe, Ines weggegeben zu haben. Die Schlafstörungen hielten an.

In der Schule war sie eher eine Einzelgängerin. Es fiel den Eltern aber auf, dass sie ihre »beste« Freundin oft wechselte: Die Änderung ihrer Meinung war dann immer sehr extrem. Die vormals beste Freundin konnte sie in Bausch und Bogen verdammen. Die Pubertät verlief sehr heftig. Aus dem stillen Kind brachen extreme Wutanfälle hervor, in denen sie sich nicht mehr steuern konnte. Es war völlig unklar, wann mit einem solchen Wutausbruch zu rechnen war. Kleinigkeiten konnten sie in die Raserei treiben. Ihre Eltern versuchten Verständnis aufzubringen, ruhig und gelassen zu bleiben, was oft die Wutanfälle noch zu verstärken schien. Sie ging dann auch auf ihre Eltern los, die Angst haben mussten, körperlich verletzt zu werden. Im Anschluss an ihre Wutanfälle war Ines oft tagelang apathisch und niedergeschlagen, sie konnte nicht über das sprechen, was in ihr vorging, und hatte ein Grundgefühl zwischen Langeweile und innerer Leere. Sie fühlte sich wie abgestorben.

Ines mied jede Nähe zum anderen Geschlecht. Die schulischen Leistungen ließen nichts zu wünschen übrig. Die Situation zu Hause wurde langsam gespannt. Die Eltern hatten das Gefühl, nicht mehr weiter zu wissen und zu können. Nach einem wieder entsetzlichen Wutanfall zog Ines sich ins Badezimmer zurück. Ihre Eltern fanden sie auf dem Badezimmerboden sitzend, der linke Unterarm war blutüberströmt von Schnitten, die sie sich mit einer Rasierklinge beigebracht hatte. ◄

Orientierung und Hilfe

Symptome müssen ernst genommen werden

Borderline-Patienten schaffen mit ihrem oft unverständlichen Verhalten in ihren Familien und bei ihren Freunden große Verunsicherung und Ratlosigkeit. Um darin nicht unterzugehen, greifen viele Eltern nach dem nächsten Strohhalm: der Verleugnung. Sie wird es nicht mehr tun. Sie hat es versprochen. Am besten gehen wir zur Tagesordnung über.

Aber genau damit setzt sich ein dem Kind möglicherweise altbekanntes Kommunikationsmuster fort, nämlich das der »Invalidierung«, der Leugnung und dem Nichtanerkennen negativer Gefühle und Konflikte (siehe S. 52), die M. Linehan als einen Faktor bei der Entstehung einer Borderline-Störung ausgemacht hat: Borderliner wachsen oft in Familien auf, in denen Gedanken, Gefühle und Verhaltensweisen entweder mangelhaft wahrgenommen werden oder emotional unbeachtet bleiben. Es wird darüber hinweggegangen, als seien sie einfach ungültig. Diese Nichtanerkennung kann sich wie ein Leitmotiv durch die Kindheit bis ins Erwachsenenalter ziehen. Manchmal sind dann die spektakulären Symptome ein Versuch, endlich Aufmerksamkeit zu erhalten, ein Kampf um Anerkennung, um Bestätigung, um positive Rückmeldung.

Schwierigkeiten und Probleme dürfen nicht verleugnet werden.

Spätestens dann, wenn ein Familienmitglied durch Symptome wie selbstbeschädigendes Verhalten, Suizidalität, Depression, Sucht, Essstörung oder Angst zeigt, dass es Hilfe braucht, ist professionelle Hilfe angesagt.

Perspektiven – wie es weitergeht

Viele Angehörige bekommen über den Umweg einer Notfallambulanz oder einer chirurgischen beziehungsweise internistischen Akutbehandlung nach einem Suizidversuch Kontakt zu psychiatrischen oder psychotherapeutischen Einrichtungen. Zum Glück – denn jetzt besteht die Chance, dass das Leid (und das Leiden) hinter dem Symptom, das in die Einrichtung geführt hat, erkannt und behandelt wird! Voraussetzung für die Behandlung ist die richtige Diagnose. Dafür ist die Kenntnis der Vorgeschichte notwendig. Für diese ausführliche so genannte Anamnese sind die Angehörigen hilfreiche Gesprächspartner.

Wir sind schuld! (?)

Spätestens jetzt, in einem solchen Gespräch, wo es um die Geschichte der Störung, ihren Beginn und ihren Zusammenhang mit der Familie als ganzer geht, beginnt für viele Familien ein leidvoller Prozess. Denn zu dem Problem, mit dem die Familie durch die Symptome der Erkrankung konfrontiert wird, kommt die Frage: »Wie konnte es dazu kommen?« Immer taucht dann auch die Schuldfrage auf. Die Eltern fühlen sich durch die Diagnose häufig wie an den Pranger gestellt. Verstärkt werden die Schuldgefühle durch den Verdacht eines möglichen innerfamiliären Missbrauchs oder körperlicher Misshandlung, der nicht selten auch durch Ärzte und Therapeuten als Mutmaßung in den Raum gestellt wird.

Die Eltern erleben sich dann möglicherweise als Angeklagte. Jede Anamneseerhebung, also die Rekonstruktion der Kranken- und Familiengeschichte, erhält in ihrem Erleben den Charakter einer Befragung durch den Staatsanwalt. Sie empfinden dann jede Äußerung des Arztes oder Therapeuten immer mehr als Schuldzuweisungen. Sehr schwierig wird es, wenn das Verhältnis des Betroffenen zu den Mitgliedern der eigenen Herkunftsfamilie in den Strudel des Wechselspiels von Idealisierung und Entwertung geraten ist und der Sohn, die Tochter sowohl gegenüber dem Therapeuten als auch in der Öffentlichkeit beginnt, die eigene Familie zu entwerten und möglicherweise – für die Eltern vollkommen unverständlich und meist sehr schmerzvoll – den Kontakt mit ihnen ablehnt. In diesem emotionalen Chaos von Gefühlen der Schuld, Scham und Peinlichkeit, von Trauer, Sehnsucht aber auch Wut und Ärger gibt es kein Vorwärtskommen. Deshalb muss immer wieder betont werden: Nicht jede Borderline-Störung entsteht auf der Grundlage eines sexuellen, emotionalen oder körperlichen Missbrauchs. Dies wissen auch die Ärzte und Psychotherapeuten, die der Frage natürlich nachgehen müssen. Immer sind viele Faktoren – biologische, soziale und psychische – zusammengekommen, ehe ein Mensch an einer Borderline-Störung erkrankt. Deshalb ist es wichtig: Auch wenn Familien ganz bewusst und ernsthaft nachforschen, was alles falsch gelaufen sein könnte, dann sollte dies nicht in einer Haltung der Selbstbeschuldigung erfolgen. Diese kann keine Zukunftsperspektiven eröffnen. Schuldgefühle blockieren geradezu die Suche nach sinnvollen Bewältigungsstrategien für die Probleme mit dem betroffenen Familienmitglied. Worum es jetzt geht, ist nicht die Klärung einer Schuldfrage, sondern darum, wie alle Familienmitglieder dazu kommen können, auch über eine längere Zeit mit dieser Störung zu leben und mit ihrem Borderline-Angehörigen die ganzen möglichen Turbulenzen auszuhalten.

Es geht nicht um Schuld und Versagen!

Ohne Hilfen sind Familien überfordert

Die Störung zeigt im Lauf der Zeit ein so breites Spektrum von Einzelsymptomen, von bizarren Verhaltensweisen und Schwierigkeiten, dass gerade Angehörige, die sich verantwortlich fühlen, die ihre Beziehung zum erkrankten Familienangehörigen auch nicht aufkündigen wollen und können, nur allzu oft an die Grenzen ihrer Belastbarkeit stoßen. Dies einzusehen, fällt vielen schwer. Zu sehr widerspricht es doch dem, was gute Eltern von sich erwarten. Deshalb können sie sich oft auch erst eingestehen, dass sie nicht weiter wissen, wenn »etwas passiert ist«, das heißt, wenn Selbstverletzungen, Suizidversuche, schwere depressive Zustände und Ängste eine Psychotherapie für das Familienmitglied mit einer Borderline-Störung unausweichlich werden lassen.

Oft wird ihnen auch jetzt erst klar, dass sie eigentlich nicht wissen, wie sie es bisher geschafft haben, mit den extremen Stimmungsschwankungen umzugehen, die häufigen entwertenden Vorwürfe auszuhalten, die seit langem zur Tagesordnung gehörenden Schwierigkeiten ihres Angehörigen mit anderen abzufangen. Es tauchen weitere Fragen auf: Wie verhalten wir uns bei unerklärlichen Wutausbrüchen, bei Angstattacken und Panikzuständen? Oder: Was unternehmen wir, wenn unser Sohn, unsere Tochter plötzlich verstummt und nicht mehr mit uns spricht?

Diese und andere Fragen machen deutlich, dass nicht nur dem Patienten selbst, sondern auch seinen nächsten Angehörigen elementare Bewäl-

Auch Angehörige müssen lernen. tigungsstrategien fehlen. Das heißt: Auch Angehörige müssen Strategien für den Umgang mit den Turbulenzen des Alltags lernen. Gleichzeitig wird es ihnen nicht erspart bleiben, zu erkennen, wie sie durch ihr Verhalten dazu beigetragen haben, dass sich einzelne Anpassungsschwierigkeiten und Symptome verfestigten.

Psychoedukative Hilfen für Familien

Bei der Borderline-Störung sind therapeutische Angebote für Familien meist im Umkreis der Diagnosestellung sinnvoll, also ganz am Anfang, und bei Krisen, die eine therapeutische Intervention erfordern. Dies sind Situationen, in denen sich die Patienten meist in stationärer oder teilstationärer Behandlung befinden. Deshalb gehört inzwischen in vielen psychiatrischen Kliniken die Angehörigen-Arbeit in Form von Einzelgesprächen und Angehörigen-Gruppen zum therapeutischen Alltag auch bei der Behandlung von Borderline-Störungen.

Bei dieser Einbeziehung der Familien stehen vor allem so genannte »psychoedukative« Ziele im Zentrum: das Wissen in der gesamten Familie über die Erkrankung, ihre Entstehung, ihren Verlauf und mögliche Komplikationen soll verbessert und Strategien im Umgang mit ihr, beziehungsweise mit einzelnen Symptome sollen erlernt werden.

Die psychoedukative Therapie findet meist in Form von Gruppensitzungen für mehrere Familien mit oder ohne dem betroffenen Familienmitglied statt. Meist werden wöchentlich ein bis zweistündige Termine über eine Zeit von ein bis zwei Monaten vereinbart. Der Aufwand ist also durchaus überschaubar. In dieser Zeit werden auch allgemeine Verhaltensregeln erarbeitet, die für den weiteren Umgang mit dem erkrankten Familienmitglied als verbindlich angesehen werde: alle Familienmitglieder verpflichten sich auf die Einhaltung solcher Regeln, die dann durchaus auf der häuslichen Pinnwand ihren Platz finden sollten.

Information – welche Inhalte werden vermittelt?

Angehörige und Betroffene benötigen ausführliche und wissenschaftlich aktuelle Informationen über Entstehung, Verlauf und Behandlung dieser psychischen Störung. Des Weiteren ist es wichtig für sie zu wissen:

- Die Borderline Störung ist in erster Linie ein Problem der betroffenen Person und nicht ein Hinweis auf eine »Problemfamilie«.
- Aber die Unterstützung des Betroffenen durch seine Familie ist wünschenswert und hilfreich.
- Daraus folgt: Die Familien haben eine hohe Belastung zu tragen.

Aus der Übernahme der Mitverantwortung für den Gesundungsprozess ergibt sich weiterer Informationsbedarf:

- Die Familie ist ein Partner im therapeutischen Prozess: Wie wird diese Partnerschaft entwickelt?
- Wie können wir die auftretenden Probleme besser bewältigen?
- Wie gehen wir mit unseren eigenen Gefühlen gegenüber dem betroffenen Familienmitglied um?
- Wie schaffen wir es als Familie, der sozialen Isolation aufgrund der Borderline-Störung zu entgehen?

Familienregeln

Ganz wichtig in der Arbeit mit Angehörigen ist die Formulierung von so genannten Familienregeln. Manche können ganz allgemein für alle Familien aufgestellt werden. Andere wiederum müssen im intensiven Gespräch mit *allen* Mitgliedern der Familie erarbeitet werden.

Allgemeine Gültigkeit können etwa folgende Regeln für sich beanspruchen:

- Wir wissen, dass alle Verbesserungen nur langsam entstehen können.
- Wir haben Geduld und üben keinen Druck aus.
- Wir sind in unseren Zielen und in den Erwartungen an … realistisch. Wir erwarten keine Wunderheilung. Wir wollen zunächst nur besser klarkommen.
- Wir geben unsere Familienrituale nicht auf: Wir vereinbaren Zeiten, in denen wir miteinander essen, reden, etwas unternehmen. Diese Zeiten haben höchste Priorität vor allem anderen.
- Wir schaukeln uns nicht gegenseitig hoch. Wenn wir alle ruhig bleiben können, kommen wir weiter.
- Wir hören uns Kritik des anderen an, auch wenn die Formulierung einmal danebengeht. Wir sagen es, wenn wir gekränkt sind. Die Wahrnehmung eigener Gefühle ist wichtig.
- Wir hören einander auch sonst zu und vermeiden Unterbrechungen.
- Kritik muss konstruktiv werden.

- Selbstverletzungen und anderes selbstgefährdendes Verhalten hat Vorrang: Die anderen schauen nicht darüber hinweg. Wir vermeiden aber planlose Aktivität und ziehen professionelle Hilfe gemäß einer vorher getroffenen Verabredung »für den Ernstfall« hinzu. Alle müssen davon wissen, wir werden einander nichts verheimlichen.
- Beide Elternteile stimmen sich bei Entscheidungen immer erst ab. Sie vermeiden so die Aufspaltung in gut und böse innerhalb der Familie und tragen die Verantwortung gemeinsam.

Diese Regeln ergeben sich aus der Störung selbst. Sie versuchen erst einmal ganz allgemein den borderlinespezifischen Schwierigkeiten, die im Alltagsleben entstehen, gerecht zu werden. Wenn also im obigen Beispiel vereinbart wird, dass sich Elternteile in Entscheidungen immer wechselseitig abstimmen, dann ist dies der Versuch, den bekannten Spaltungstendenzen eines Borderline-Familienmitglieds entgegenzuwirken: Zu schnell würden sonst die Mutter als »nur gut« und der Vater als »nur versagend und böse« ihre Entsprechung in der inneren Welt des Borderliners finden. Und die Regel, ruhig zu bleiben, trifft eine Verabredung gegen die emotionale Instabilität, gegen die Gefahr von Durchbrüchen negativer Gefühlsäußerungen (mit der Gefahr, dass die anderen Familienmitglieder sich dann einstimmen und das Ganze sich hochschaukelt).

Im Einzelfall werden auch noch andere Regeln vereinbart werden müssen, z.B. dass zu Hause keine Drogen oder kein Alkohol konsumiert werden oder wie mit Wutanfällen oder Gewalt umgegangen wird.

Was alle Familienmitglieder hierzu wissen sollten:

- Diese Regeln dürfen dem Familienmitglied, das unter Symptomen einer Borderline-Störung leidet, nicht einseitig auferlegt werden: Jeder hat dieselben Rechte bei der Formulierung der Regeln. Dann ist jederzeit der Verweis auf sie und die Bitte um Einhaltung möglich.
- Der Weg, bis solche Regeln wirklich umgesetzt werden, ist lang. Keiner kann erwarten, dass diese Umsetzung schon mit dem Augenblick beginnt, in dem die Regeln auf dem Papier stehen. Besonders in der Anfangsphase ist die Gefahr schwerer Enttäuschungen hoch. Hier ist von allen Beteiligten »coolness« und Durchhaltevermögen gefordert.
- Die erarbeiteten Regeln einzuhalten, fällt nicht nur dem »Erkrankten« schwer. Sie zu erlernen, gelingt häufig nur unter therapeutischer Anleitung. Denn sie widersprechen allzu häufig dem bisherigen Alltag.

Therapie der Familie

Viele Familien können sich deshalb mit der Erarbeitung der »skills«, also den elementaren Bewältigungsstrategien, nicht zufrieden geben. Für sie ist weitergehende familientherapeutische Arbeit sinnvoll. Hier geht es vor allem darum, die Kommunikation und die Beziehungen innerhalb der Familie zu verbessern. Zum Thema werden dann vor allem die Gefühle: Welche sind in der Familie erlebbar und wie werden sie ausgedrückt? Solche familientherapeutischen Ansätze, die dieses erweiterte Ziel verfolgen, erfordern eine ausgewiesene familientherapeutische Kompetenz des jeweiligen Therapeuten. Sie muss zudem immer in enger Abstimmung mit dem Einzeltherapeuten des Borderline-Patienten geschehen.

Der Gefühlsausdruck

Viele Studien haben inzwischen nachgewiesen, dass die einer Familie eigentümliche Art und Weise, wie Gefühle und Haltungen wechselseitig zum Ausdruck gebracht werden, eine elementare Rolle im weiteren Verlauf vieler seelischer, aber auch körperlicher Erkrankungen spielt. Dabei wird ganz grob zwischen zwei Arten des »Gefühlsausdrucks« unterschieden, nämlich dem hohen und dem niederen Gefühlsausdruck. Zu Familien mit hohem Gefühlsausdruck zählen nach dieser kommunikationstheoretischen Einteilung Familien, in denen die Mitglieder ihren Gefühlen starken Ausdruck verleihen, sich gegenseitig lautstark kritisieren, die aber auch in der Lage sind, ganz warmherzig, freundlich gefühlvoll bis überschwänglich Anteilnahme zu zeigen. In Familien mit niederem Gefühlsausdruck dagegen herrscht ein eher neutrales, durch wenig Kritik, aber auch durch wenig Anteilnahme geprägtes Familienklima. Nun **Die Äußerung von** zeigte sich, dass gerade Borderline-Patienten (ganz anders **Gefühlen ist wichtig!** als zum Beispiel Patienten, die an einer Schizophrenie, Depression oder auch an Diabetes erkrankt sind) sehr stark von einem hohen Gefühlsausdruck profitieren, eine eher kühle und rationale Familienatmosphäre dagegen ungünstig auf den weiteren Verlauf der Störung wirkt. Dies scheint mit der gerade für Menschen mit einer Borderline-Störung so wichtigen »Validierung« ihrer Gefühle zusammenzuhängen.

Das heißt also: Familien, in denen es bisher eher »ruhig« zuging, müssen lernen, positive wie negative Gefühle, die der andere in ihnen auslöst, zu zeigen.

Zwei Lernschritte

Der erste »Lernschritt« ist immer, dass alle Familienmitglieder eigene Gefühle überhaupt wahrnehmen und kennen lernen. Dies geschieht unter therapeutischer Hilfe an ganz einfachen Beispielen des täglichen Lebens. Wenn eine Mutter zum Beispiel schildert, was es für sie bedeutet, manchmal über Wochen täglich bis zu fünfzehn Anrufe ihrer Borderline-Tochter entgegennehmen und sich jedes Mal anhören zu müssen, dass diese an ihrem Studienort nun definitiv nicht mehr allein sein könne, dann ist es zunächst erforderlich, dass sie die Gefühle, die diese Anrufe bei ihr auslösen, überhaupt wahrnimmt, und zwar alle, nicht nur die der Anteilnahme, des Mitleids oder des wachsenden Ärgers. Sie wird auch Gefühle der Hilflosigkeit, der Angst, der Sinnlosigkeit spüren und sich damit auseinander setzen müssen, bevor sie den »richtigen« Gefühlsausdruck gegenüber ihrer Tochter »erlernen« kann.

Dies ist der zweite Schritt. In Borderline-Familien muss ein Gefühlsausdruck praktiziert werden können, die dem Borderline-Familienmitglied die zu ihm passende Balance zwischen seinem Anlehnungsbedürfnis an die anderen Familienmitglieder und seinem Wunsch nach Autonomie ermöglicht. Auch dies muss und kann erlernt werden – am besten im Kontakt mit anderen Eltern und Familienmitgliedern von Borderline-Patienten.

Wir sind nicht allein

Aber nicht nur Wissen und Fertigkeiten sind wichtig. Wovon Familienmitglieder in Angehörigengruppen immer profitieren, ist der Kontakt zu anderen »Leidensgenossen«. Vielen Eltern hilft die Erfahrung, dass sie mit der Erkrankung eines Kindes nicht allein sind. Sie können aus dem Austausch mit anderen Betroffenen Kraft und Entlastung schöpfen, vielleicht auch Anregungen erhalten für neue Problemlösungsstrategien angesichts des oft so schwierigen, unverständlichen oder gefährlichen Verhaltens ihres an einer Borderline-Störung erkrankten Familienmitglieds.

Grundsätzlich kann man in jeder auf Borderline-Behandlungen spezialisierten Klinik oder Praxis nach dem Angebot einer Angehörigengruppe oder aber nach existierenden Selbsthilfegruppen für Angehörige fragen. Auch Internet-Seiten, die unter den Stichwörtern »Borderline« und »Angehörige« zu finden sind, bieten einen solchen Austausch.

Die Eltern in die Therapie einbeziehen?

Obwohl erste Erfahrungen mit der Einbeziehung von Familien ermutigend sind, gibt es auch berechtigte Einwände. Erst einmal ganz allgemeine: Nicht jeder Patient ist bereit, seine Beziehung zu seinem Psychotherapeuten mit anderen zu teilen. Gerade für Jugendliche und junge Erwachsene ist es oft sehr wichtig, sich einen eigenen therapeutischen Raum zu schaffen und zu erhalten, der ihnen die Abgrenzung von den Eltern erleichtert.

Es gibt jedoch auch Vorbehalte, die sich aus der Borderline-Störung selbst ergeben. Sie haben mit den oft vorhandenen traumatisierenden Erfahrungen der Patienten gerade im Elternhaus zu tun, seien es Vernachlässigung, Gewalterfahrung oder sexueller Missbrauch im engeren Sinn. Wer weiß oder ahnt, was ihm angetan wurde, ist oft nicht in der Lage, zu den »Tätern« in Kontakt zu treten – auch nicht im geschützten Raum seiner Psychotherapie. Dennoch wäre es dringend wünschenswert, dass auch in einem solchen Fall die Eltern zumindest über die Borderline-Störung informiert würden. Noch besser wäre es, wenn sie Verständnis für Gefühlsäußerungen und Verhaltensweisen ihrer Kinder erwerben könnten.

Zusammenfassung

Beim Verdacht und erst recht bei deutlichen Hinweisen auf eine Borderline-Störung in der Familie muss professionelle Hilfe in Anspruch genommen werden. Ohne diese sind Familien zwangsläufig überfordert. Eine so genannte psychoedukative Therapie vermittelt Wissen über die Erkrankung und Strategien zum familiären Umgang miteinander und zum Umgang mit den Symptomen der Störung. Eine weitergehende Familientherapie kann den Gefühlsausdruck in der Familie verändern helfen, um so günstigere Bedingungen für den Borderline-Angehörigen zu schaffen.

Borderline-Störung bei Kindern: eine Entwicklungsstörung

Sascha

▶ Sascha ist 7 Jahre und besucht die zweite Klasse. Zum wiederholten Male wird seine Mutter zum »Elterngespräch« in die Schule gebeten. Die Lehrerin beschwert sich bei der Mutter darüber, dass Sascha ständig stört, dass er ständig andere Kinder ärgert, beschimpft und auch angreift. Alle Mitschüler hätten sich schon über seine Aggressivität beschwert. Er könne sich auch keiner Regel fügen, störe ununterbrochen – zum Beispiel, indem er sich unter dem Tisch verstecke oder plötzlich vollkommen unvermittelt zu singen anfange. Sie sagt, sie könne keinerlei Zugang zu ihm finden, wisse nie, was in ihm vorgeht. »Ich weiß nicht was er fühlt, denkt, ich sehe nur das, was er macht und daraus werde ich nicht schlau!« Sie beschreibt ihn als »getrieben«, »wie aufgezogen«, und klagt: »Ich muss immer auf dem Sprung sein, weil ich nie weiß, was er als Nächstes anstellt. Ich befürchte immer, dass etwas passiert.«

Die Mutter berichtet von Schwierigkeiten mit dem Ein- und Durchschlafen und von häufigen Albträumen des Kindes, das dann zu ihr ins Bett müsse. Er sei überhaupt übertrieben anhänglich – er sei immer in dem Zimmer, in dem sie sich aufhalte. »Mich macht das inzwischen furchtbar nervös.« Manchmal sei er aber auch sehr ablehnend – er ertrage zum Beispiel keine Umarmung. »Ich verstehe die Lehrerin. Ich habe auch keine Ahnung, was mit ihm los ist, und wenn er und sein kleiner Bruder zusammen sind, fühle ich mich wie auf dem Pulverfass. Ich glaube, er hasst ihn! Und dann rastet er auch dauernd aus. Bei jeder Kleinigkeit! Er wirft sich auf den Boden, haut mit dem Kopf auf die Steinfliesen und schreit. Das kann ewig so gehen.« Die Mutter ist ganz verzweifelt. Denn die Schwierigkeiten, über die die Lehrerin heute klagt, seien ja nicht neu. Auch im Kindergarten sei sie ununterbrochen zum Elterngespräch gebeten worden. Da habe man ihr auch erzählt, dass Sascha dauernd onaniere und auch andere auf dem Klo dazu verführt habe. »Der Elternbeirat wollte ihn rausschmeißen! Wissen Sie«, sagt sie, »ich habe richtig gespürt, dass man mir und meinem Freund irgendetwas Sexuelles anhängen wollte.«

Im Kindergarten habe man ihr geraten, eine Erziehungsberatungsstelle aufzusuchen. Sie habe aber immer gehofft, das wachse sich aus. ◀

Entwicklungsstörung oder Persönlichkeitsstörung ?

Macht es Sinn, von Persönlichkeitsstörungen im Kindesalter zu sprechen?

Unter Fachleuten wird diese Frage kontrovers diskutiert. In Deutschland sind Ärzte, Kinder- und Jugendpsychiater, Kinder- und Jugendpsychotherapeuten mit der Diagnose von Persönlichkeitsstörungen im Kindes- und Jugendalter sehr zurückhaltend. Dafür gibt es gute Gründe. Kindheit und Jugend sind die Zeit im Leben eines Menschen, in der sich die Persönlichkeit überhaupt erst entwickelt. Macht es also Sinn, schon während dieses Prozesses von einer Störung zu sprechen? Dasselbe gilt für die Identität, die herauszubilden erst die große Entwicklungsaufgabe des Jugendalters ist. Ist es also besser, eine Diagnose, die Identitätsdiffusion oder Identitätsstörung beinhaltet, auf das späte Jugendalter zu beschränken? Oder pragmatisch gefragt: Ist es nicht eigentlich unmöglich, im Kindesalter, das auch im Falle einer gesunden Entwicklung von rasch wechselnden Gefühlszuständen gekennzeichnet ist, zwischen entwicklungsbedingten Erscheinungen und Krankheitszeichen zu unterscheiden? Oder aus therapeutischem Blickwinkel: Sollen tatsächlich schon Kinder mit einer Diagnose abgestempelt werden, die auf schwere und möglicherweise kaum beeinflussbare Probleme hindeutet, was möglicherweise sowohl das Selbstwertgefühl des Kindes als auch das der ganzen Familie empfindlich beeinträchtigt?

Die Kritiker, die diese Fragen stellen, gehen davon aus, dass Kinder sich verändern und formbar sind und dass ihr eigener Entwicklungsprozess sie zu Veränderungen drängt. Diese Veränderungen können dann mögliche Störungen wieder gutmachen.

Aber: Geht man davon aus, dass die Ursachen einer Borderline-Persönlichkeitsstörung in der Persönlichkeitsentwicklung sehr weit zurückliegen, so muss man wohl annehmen, dass auch nicht erst im Erwachsenenalter Anzeichen für eine Störung zu finden sind. Die Wahrscheinlichkeit ist sehr groß, dass spätere Borderline-Patienten auch schon als Kinder durch ihre misslingenden Bewältigungsversuche aufgefallen sind. Dafür sprechen leider auch ausgesprochen harte Fakten, nämlich die Symptome selbst, die bei gestörten Kindern tatsächlich beklagt werden.

Jeder Lebensabschnitt trägt ganz spezifisch zur Entwicklung einer eigenen Persönlichkeit bei und ist deshalb auch ganz spezifisch zu »stören«. Die alterstypischen Entwicklungsschritte und Kennzeichen sind nun bei Kindern, die in ihrer Entwicklung gestört wurden, so nicht zu finden. Manche Diagnostiker empfehlen deshalb heute, den Begriff der Borderline-Persönlichkeitsstörung bei Kindern durch den Begriff der **Borderline-Entwicklungsstörung** zu ersetzen. Dies bedeutet für die Diagnose: Bei der Beurteilung einer Borderline-Entwicklungsstörung geht es vor allem darum zu beurteilen, ob altersentsprechende Entwicklungsstufen der Persönlichkeitsentwicklung erreicht wurden, und darum, ob und welche Symptome ein Kind als Bewältigungsstrategien in Konflikten einsetzt.

Eine Entwicklungsstörung lässt sich an den Meilensteinen der Persönlichkeitsentwicklung messen.

Wie sich die Borderline-Entwicklungsstörung zeigt

Eine Borderline-Entwicklungsstörung betrifft auch bei Kindern alle Lebens- und Erlebensbereiche. Betroffene Kinder und Jugendliche fallen auf durch Aggressionen gegen andere, aber auch gegen sich selbst, durch Kontaktstörungen, Ängste, Depressionen und vorübergehenden Realitätsverlust. Dazu gehören auch Störungen, die sich auf körperlicher Ebene ausdrücken, zum Beispiel Einnässen, Einkoten, motorische Störungen, Essstörungen, Schlafstörungen, aber auch Störungen, die die Fähigkeiten des Denkens, Sprechens und der Wahrnehmung beeinträchtigen. Häufig sind hier Schulschwierigkeiten, Teilleistungsstörungen und Sprachstörungen. Die Symptome, die Kinder am meisten beeinträchtigen, sind im Folgenden aufgeführt.

Probleme mit anderen

Ganz besonders typisch sind Schwierigkeiten im Kontakt zu anderen, die diesen Kindern altersentsprechende, zufriedenstellende und stabile Beziehungen zu anderen Kindern und zu Erwachsenen unmöglich machen. Diese Schwierigkeiten können sehr unterschiedlich sein: Manchmal können Kinder mit einer Borderline-Entwicklungsstörung ihren Eltern gegenüber außerordentlich fordernd und/oder angstvoll anklammernd auftreten und versuchen, das Verhalten ihrer Eltern zu kontrollieren. Sie ertragen es nicht, dass das Interesse ihrer Eltern sich anderen Kindern, etwa den Geschwistern zuwendet. Diese Perioden der Anhänglichkeit können sich übergangslos mit Perioden der Distanzierung und Expansivität abwechseln, in denen die Eltern Schwierigkeiten haben, die Aktivitäten ihres Kindes zu kontrollieren und in denen sie fürchten, es komme in schlechte Gesellschaft, drohe zu verwahrlosen. Wie Erwachsene mit einer Borderline-Störung können betroffene Kinder einen **extremen Wechsel** zwischen Liebe und Hass gegenüber derselben Person zeigen. Es ist unschwer einzusehen, dass betroffene Eltern verzweifeln, weil ihr eigenes Kind ihnen plötzlich so unverständlich wird. Es ist ihnen fremd, weil sie sich nicht einfühlen können. Sie können diese Umschwünge nicht verstehen, die selten mit auslösenden Ereignissen verknüpft sind, die sie erkennen könnten.

Gleichaltrigen gegenüber haben diese Kinder meist große **Kontaktprobleme** und **Ängste**, während sie sich kleineren Kindern gegenüber häufig kontrollierend, arrogant oder sogar »sadistisch« quälend verhalten. In der Klasse sind sie Außenseiter oder versuchen diese Rolle durch Clownerien zu kompensieren. Immer fallen sie auch durch schwer vorhersagbares **impulsives Verhalten** auf.

Impulskontrollstörungen

Wie Erwachsene haben auch Kinder mit einer Borderline-Störung sehr oft massive Störungen der Impulskontrolle. Heftigste Wutanfälle können ohne sichtbaren Anlass oder nach minimalen Provokationen ungestüm hervorbrechen. **Wutausbrüche** gehören sicherlich zur Kindheit. Üblicherweise klingen sie aber nach fünf bis zehn Minuten ab. Anders bei Borderline-Kindern: Bei ihnen können solche Ausbrüche eine Stunde und mehr andauern, ohne dass für die Bezugspersonen eine Chance besteht, das Kind mit Worten zu erreichen, um eine Änderung des Verhaltens zu bewirken.

Angst

Angst ist ein relativ unspezifisches Symptom vieler psychischer Störungen. Auch Borderline-Kinder leiden häufig unter **Angst**. Diese Angst ist jedoch wesentlich intensiver als sie von Kindern beispielsweise mit Angststörungen erlebt wird. So können Kinder mit einer Borderline-Störung etwa Angst vor großen Katastrophen empfinden oder aber die Angst zu zerfallen, in Stücke zu zerbrechen oder zu verfaulen. Wenn sie in der Lage sind, diese Angst zu beschreiben, wählen sie oftmals bizarre und grausam wirkende Bilder. Sie sprechen möglicherweise von ihrer Angst, die Haut über den Knochen könne wegschmelzen oder von der Angst, selbst ganz zu erstarren und dann in tausend Stücke zu zerbrechen.

Während dieser Angstattacken können sie äußerst unruhig, erregt oder aber auch wie erstarrt auf ihre Bezugspersonen wirken. Oft resultiert aus dieser Angst die Furcht vor allem Neuen. Sie beginnen die ganze Welt als unsicher und gefährlich zu sehen. Starke Anhänglichkeit und die Suche nach Schutz sind oft die Folge. Nicht selten versuchen Borderline-Kinder auch ihre Angst in **Aggressivität** umzusetzen, bei der sie dann sich oder andere Kinder gefährden.

Unklares Selbstwertgefühl

Borderline-Kinder leiden unter massiven Selbstwertstörungen. Der Abwehrmechanismus der Spaltung führt dann häufig zu einem abrupten Wechsel zwischen Größenphantasien über die eigene Person und »Kleinheitsgefühlen«, bei denen die eigene Person nur als schlecht, minderwertig, nichtig und leer empfunden wird. Mit diesem Wechsel geht oft auch ein Umkippen der Stimmung und des Verhaltens einher. **Großsprecherische Angeberei** und **depressive Zurückgezogenheit** wechseln sich ab und machen den Kontakt schwierig.

Vorübergehender Verlust des Realitätssinns

Betroffene Kinder haben zuweilen auch **Schwierigkeiten mit der Realität**. Dies ist zunächst bei Kindern etwas ganz Normales und Entwicklungsgemäßes. Ein Kind kann sich vorstellen, dass die Grünpflanze im Wohnzimmer der Weihnachtsbaum ist und dass seine Bauklötze Geschenke sind, und es kann sich mitten im Hochsommer ganz in ein solches Weihnachtsspiel vertiefen – ohne jedoch jemals Schwierigkeiten zu haben, sofort wieder in die Realität zurückzukehren. Anders ist dies bei Borderline-Kindern. Sie schaffen manchmal den Übertritt aus der Phantasie ins Alltagsleben nicht mehr. Die Korrektur durch die Realität ist plötzlich erschwert. Zum Beispiel gehören bei Kindern Allmachtsphantasien – wie Superman zu sein – durchaus zur Tagesordnung. Was Borderline-Kinder von anderen unterscheidet ist ihre Tendenz, solche Phantasien für die Wirklichkeit zu halten. Sie beginnen an ihre eigenen Allmachts- und Größenphantasien zu glauben mit der Folge, dass sie diese in gefährlicher Art und Weise ausleben: Das Superman spielende Kind fühlt sich mit übermenschlichen Fähigkeiten ausgestattet, denkt, wie Superman auch fliegen zu können, und springt aus großer Höhe.

Die Diagnose der Borderline-Entwicklungsstörung

Eine Borderline-Entwicklungsstörung zu diagnostizieren ist wohl noch schwieriger als die begründete Diagnose einer Borderline-Persönlichkeitsstörung zu stellen. Viele der möglicherweise als Merkmale der Störung zu identifizierenden Verhaltens- und Erlebensweisen sind Teil einer ganz normalen kindlichen Entwicklung. Die »Schlafstörung« des Säuglings, die Angst und Wut des Kleinkinds, die »Zappeligkeit« des Vorschulkinds und die Unausgeglichenheit einer oder eines Jugendlichen sind kein Ausdruck einer tiefgehenden seelischen Störung, so »störend« sie manchmal auch sein können.

Was Borderline-Kinder nun von anderen deutlich unterscheidet, sind auf der einen Seite die **Intensität und Dauer ihrer Auffälligkeiten** und auf der anderen Seite der **schnelle Wechsel zwischen verschiedenen Symptomen.** Sie leiden eben noch unter Angst oder Depression, fallen dann plötzlich auf wegen unkontrollierbarer Wutanfälle oder aggressiver Durchbrüche gegen Gleichaltrige und Erwachsene, um sich dann wieder ganz kleinkindhaft an die Mutter zu klammern oder sich emotional völlig unerreichbar in sich zurückzuziehen. Borderline-Kinder können außerdem zu manchen Zeitpunkten völlig normal und angepasst erscheinen, während ihr Verhalten sich zu anderen Zeitpunkten als schwerst gestört zeigen kann.

Das heißt: Wodurch sich eine Borderline-Entwicklungsstörung von anderen psychischen Störungen unterscheidet, ist – ebenso wie bei Erwachsenen – ihre »Instabilität« und Vielfalt.

Kinder- und Jugendpsychiater sind sich deshalb einig, dass es nicht einzelne Symptome oder Auffälligkeiten sein können, die zur Stellung der Diagnose Borderline-Störung im Kindesalter berechtigen. Erst der auch für erwachsene Borderliner typische unvorhersehbare und nicht erklärbare Wechsel im Verhalten und Erleben macht das Verdachtsmoment aus, das den Diagnostiker hellhörig werden lässt.

Hilfe für Kinder mit einer Borderline-Entwicklungsstörung

Marielotte

▶ Ich mache mir furchtbare Sorgen um eine meiner Schülerinnen aus der 5c. Sie schwänzt ständig und versagt inzwischen in der Schule völlig. Inzwischen müsste A. eigentlich wegen des häufigen unentschuldigten Fehlens und der schlechten Noten das Gymnasium wieder verlassen. Wenn ich A. darauf anspreche, schüttet sie mir das Herz aus, erzählt dann von Prügelszenen zu Hause zwischen Vater und Stiefmutter, die ich mal glauben kann und dann wieder nicht. Der Vater, bei dem sie lebt, kommt zwar zu Gesprächen, scheint aber wenig Interesse zu haben. Außerdem riecht er immer nach Alkohol. Die Stiefmutter erscheint nicht. Von der Mutter ist mir nichts bekannt. Ich halte A. für sehr intelligent. Sie könnte spielend das Abi schaffen. Es wäre schade um sie – und auf der Realschule würde ja auch nichts besser.

Ich habe deshalb – nachdem ich lange mit mir gerungen habe – beim Jugendamt angerufen. Dort war die Familie schon bekannt, weil A. mehrmals beim Klauen erwischt worden war. In einem Gespräch, das ich dann mit der Frau vom Jugendamt, dem Vater und der Tochter geführt habe, wurde vereinbart, dass verschiedene Hilfsmaßnahmen in die Wege geleitet werden. Zum Beispiel soll ein Familienhelfer zwei oder drei Mal in der Woche in die Familie kommen – und wenn A. etwas älter ist, soll sie in eine therapeutische Wohngruppe umziehen. A. hat auch mithilfe des Jugendamts eine Kinderpsychotherapeutin gefunden.

Inzwischen ist mir der Vater auch dankbar. Denn er ist mit der Erziehung der Tochter völlig überfordert, zumal er noch drei kleine Kinder von der anderen Frau hat, die – wie er traurig erzählt hat – so wenig Liebe für seine A. übrig hat. Ich hoffe, dass sich A. stabilisiert. Es wäre schade um sie! ◀

Oft sind es Außenstehende, Lehrer, Erzieher, die über die Auffälligkeit eines Kindes klagen. Denn für Kinder mit einer Borderline-Entwicklungsstörung ist die soziale Anpassung, die ein Kindergarten oder die Schule von ihnen verlangt, oft eine harte Belastungsprobe. Im Idealfall entsteht aus diesen Klagen ein Gespräch mit den Eltern und es können gemeinsame Anstrengungen unternommen werden, dem Kind die Hilfen zu bieten, die jetzt angezeigt sind. Aber auch wenn Eltern selbst spüren, dass etwas nicht in Ordnung ist, wenn soziale, finanzielle und familiäre Probleme das Familienklima in einem Maße belasten, dass sie sich im Moment außerstande fühlen, ihrem Kind die Unterstützung und das Verständnis zukommen zu lassen, die jetzt so nötig sind, ist professionelle Hilfe notwendig. Leider scheuen sich viele Eltern, solche Hilfe in Anspruch zu nehmen. Aber es geht jetzt um das Kind! Gefühle von Scham, Schuld, Versagen oder ein schlechtes Gewissen helfen nicht weiter!

Anlaufstellen für Eltern und deren »Borderline-Kinder«

Für soziale und finanzielle Probleme sind die entsprechenden Ämter der Gemeinde (**Jugendamt**, **Sozialamt**) zuständig. Sie bieten auch Hilfen zur Erziehung und Beratung in Familienkonflikten, in die ein Kind leider allzu häufig verwickelt ist. Sie können auch an weitere staatliche Einrichtungen, zum Beispiel an schul- und sozialpsychologische Dienste weitervermitteln.

Steht der Verdacht eines sexuellen Missbrauchs oder massiver körperlicher Misshandlung im Raum, bieten der **Kinderschutzbund** oder ebenfalls das Jugendamt kostenlose Beratung über das mögliche weitere Vorgehen.

Bei Erziehungsfragen und bei persönlichen oder familienbezogenen Problemen sind vor allem die Mitarbeiter der **Erziehungs- und Familienberatungsstellen** die richtigen Ansprechpartner. Diese werden von Städten oder Landkreisen und anerkannten freien Trägern wie zum Beispiel der Arbeiterwohlfahrt, dem Caritasverband, dem paritätischen Wohlfahrtsverband und dem Diakonischen Werk unterhalten.

Erziehungs- und Familienberatungsstellen bieten Hilfe bei so unterschiedlichen Problemen wie Schlafstörungen, Entwicklungsverzögerungen, Essstörungen oder Ängsten, bei Trennungs- und Kontaktschwierigkeiten, Sprachstörungen, bei Leistungs- und Verhaltensproblemen, bei Einnässen, Einkoten oder anderen psychosomatischen Beschwerden. Auch bei Fragen und Konflikten im Zusammenhang mit Trennungen und Scheidungen bieten die Erziehungs- und Familienberatungsstellen allen Familienmitgliedern ihre professionelle Hilfe an. Durch ein Team von Psychologen, Sozialarbeitern und Sozialpädagogen, Kinder- und Jugendlichenpsychotherapeuten, Ärzten, Pädagogen, Logopäden und Beschäftigungstherapeuten, Bewegungstherapeuten und andere Fachkräfte kann eine Erziehungs- und Familienberatungsstelle der Vielfalt der Borderline-Entwicklungsstörung gerecht werden. Berater und Therapeuten verfügen häufig über besondere psychotherapeutische Zusatzausbildungen und befassen sich in Weiter- und Fortbildungen ausdrücklich mit Themen, die Familienkonflikte, Probleme Alleinerziehender und die besondere Situation von Pflege- oder Stieffamilien betreffen. Auch im Bereich der Trennungs- und Scheidungsberatung oder für Hilfen bei sexuellem Missbrauch haben sich viele Beraterinnen und Berater zusätzlich qualifiziert.

Die Berater und Therapeuten unterliegen der Schweigepflicht, das heißt, die Gespräche sind vertraulich. Personen außerhalb der Beratungsstelle oder anderer Einrichtungen, zum Beispiel Kindergarten, Schule, Jugendamt, dürfen nur dann vom Inhalt der Beratung erfahren, wenn die Eltern die Mitarbeiter der Beratungsstelle ausdrücklich von ihrer Schweigepflicht entbunden haben. Die erforderlichen Gespräche, die Untersuchungen, die Beratung und die therapeutischen Angebote sind für die Ratsuchenden in jedem Fall kostenlos.

Kinderpsychotherapie

In vielen Fällen ist wie auch bei Erwachsenen eine langfristige Psychotherapie angezeigt. Kinder- und Jugendlichen-Psychotherapeuten arbeiten ambulant in freier Praxis. Haben sie eine Kassenzulassung, werden die Kosten von den Krankenkassen und Versicherungen nach einem Gutachterverfahren (s. S. 114) übernommen.

- Das Ziel einer verhaltenstherapeutisch orientierten Psychotherapie ist es, dabei zu helfen, eingeschliffene Verhaltensweisen abzulegen, neue Bewältigungsstrategien zu entwickeln und insgesamt die innere Einstellung zu bislang als problematisch oder gefährlich Erlebtem zu verändern.
- Das Ziel einer tiefenpsychologisch oder analytisch orientierten Psychotherapie ist es, dem Problem beziehungsweise dem unbewussten Konflikt auf den Grund zu kommen, um das Kind gewissermaßen »frei« für das Hier und Jetzt zu machen.
- Das Ziel einer familientherapeutisch orientierten Behandlungsmethode ist es, in der Familie Macht- und Einflussverhältnisse zu klären, verdeckte Bündnisse, Verpflichtungen, Machtkämpfe und fehlende oder falsche Grenzziehungen zwischen den einzelnen Familienmitgliedern zu entdecken und in der Familie als Ganzer andere Formen des Umgangs miteinander zu finden.

Familienbezogene Elemente finden sich in allen Kinderpsychotherapieformen. Familientherapie im engeren Sinn wird entweder in freier Praxis eines niedergelassenen Familientherapeuten angeboten (wird nicht von den gesetzlichen Krankenkassen übernommen) oder kann in Erziehungsberatungsstellen oder kinderpsychiatrischen Einrichtungen in Anspruch genommen werden.

Meistens ist es für Laien schwierig zu entscheiden, welche Therapieform nun gerade für ihr Kind, ihre Beziehung, ihre Familie die beste ist. Zwar hat die Psychotherapieforschung für Kinder in den letzten Jahren Fortschritte gemacht. Überzeugende Effektivitätskontrollen gibt es aber bisher kaum (mit Ausnahme weniger verhaltenstherapeutischer Behandlungen spezieller Symptome wie zum Beispiel des Bettnässens). Die Gesundung eines Kindes, die nicht nur in der Beseitigung eines Symptoms besteht, und den zufriedenen familiären Umgang in einer Familie zu messen, ist eben ein schwieriges Unterfangen. Dass Kindern durch Psychotherapie geholfen wird, steht dagegen außer Zweifel.

Manchmal wird auch – ebenfalls wie bei Erwachsenen – eine stationäre oder teilstationäre Behandlung notwendig. Dabei gelten dieselben Entscheidungskriterien wie bei Erwachsenen. Bei Kindern und Jugendlichen spielen jedoch zudem soziale Kriterien eine Rolle. Wenn das familiäre Umfeld nicht geeignet ist, eine ambulante Psychotherapie zu tragen, wenn das Chaos in der Familie zu groß ist und vor allem wenn akute Missbrauchs- und Misshandlungsgefahr besteht, ist eine stationäre Therapie immer einer ambulanten vorzuziehen. Dort können auch weitere Hilfen gemeinsam mit der Familie geplant und eingeleitet werden.

Zusammenfassung

Auch Kinder können unter den Symptomen einer Borderline-Störung leiden. Sie zeigen sich vor allem in einer Störung der gesunden Persönlichkeitsentwicklung. Man spricht deshalb von einer Borderline-Entwicklungsstörung. Auch sie ist gekennzeichnet durch den borderlinetypischen Wechsel zwischen verschiedenen Symptomen. Erste Hilfestellung bieten u.a. Erziehungs- und Familienberatungsstellen. Eine Kinderpsychotherapie ist langfristig notwendig.

Borderline-Beziehungen – ein besonderes Problem

Ob und wie Partnerschaften mit einem Borderliner gelingen können, hängt immer von beiden Seiten ab: Einerseits von demjenigen, der an einer Borderline-Störung leidet, andererseits jedoch auch von dem Partner, der diese Beziehung eingegangen ist und sie erhalten möchte. In diesem Kapitel finden Sie Anregungen, die in einer Beziehung mit einem Borderline-Patienten nützlich sein können.

Probleme mit dem Partner

Ursula

▶ Ich habe nichts verstanden am Anfang, bekam unbestimmte Angst und dachte erst einmal:»Nichts wie weg. Ich will nichts mit einem Verrückten zu tun haben. Beende die Beziehung! Rette dich so schnell wie möglich! ...«

Ich hab's nicht verstanden. Weder die regelrechte Anbetung meiner Person, die Anhänglichkeit seit dem ersten Telefongespräch, den Heiratsantrag in der 6. Woche unserer Fernbeziehung ...

Diese übertriebene Liebe gründete sich auf nichts als einige lange Briefe (Ich schreibe gerne, er schreibt mindestens genauso gerne.) und auf einige lange Telefongespräche. Es war manchmal unheimlich, dann auch wieder sehr romantisch. Ich genoss es, dass ich auf einmal so wahnsinnig interessant und liebenswert war. Liebe und Verehrung, welche Frau träumt nicht davon ...

Aber dann, aus heiterem Himmel, für mich vollkommen unmotiviert und offensichtlich als Reaktion auf irgendeine flapsige, heftige oder ironische Bemerkung, die spontane Beschimpfung, totale Aggression. Es war zum Fürchten, diese Ablehnung, Abwertung. Und das nicht nur einmal! Nach einem ganz und gar fürchterlichen Auftritt, bei dem er dann vor Wut einen Teller an die Wand warf, war »Schluss« für mich.

Es folgten dann zaghafte Annäherungsversuche seinerseits per SMS und Telefon. Nach einiger Zeit kamen Briefe – ausführliche, seitenlange Schilderungen schrecklicher Kindheitserlebnisse und immer wieder seiner Mutter, die in den Berichten wie ein Monster erschien, das immer unerbittliche Forderungen an einen Jungen stellte, den sie ungewollt unehelich geboren hatte. Und der wenigstens hätte ein Mädchen werden sollen.

Die nächsten Briefe schilderten unerfüllte Liebesgeschichten, gestörte Beziehungen, zwei gescheiterte kinderlose Ehen, häufige sexuelle Abenteuer ohne Gefühl, jedoch immer in Erwartung der Liebe seines Lebens. Diese Briefe fand ich übertrieben theatralisch, dann auch wieder seltsam rührend. Ein Mann schilderte einer relativ fremden Frau seine innersten Nöte zwischen Selbsthass, triefendem Selbstmitleid, Angst, Verzweiflung und fast lächerlich anmutender Selbstverliebtheit.

Ich begann schriftlich zu antworten, denn mein Prinzip der Treue und Verlässlichkeit Menschen gegenüber, die ich aus irgendeinem Grund in mein Leben gelassen habe, gewinnt letztendlich immer. Ich hatte einfach nicht das Recht, diesen verzweifelten Mann zu ignorieren. Der Zufall wollte, dass ich zur gleichen Zeit einen Roman las, der eine ähnliche Persönlichkeit beschrieb – einen »Borderliner«. So entwickelte sich eine enge »Brieffreundschaft« mit fast täglicher Korrespondenz.

Ich kam mir vor wie eine Mama, die Sicherheit und Geborgenheit durch Zeilen auf weißem Papier bietet. Ich fühlte das gleiche kindliche Bedürfnis bei diesem erwachsenen Mann, wie es meine Kinder oft lautstark einfordern. »Beachte mich, nimm mich wichtig, lass mich nicht allein, hör mir zu, gib mir das und jenes ...« ◄

Eine Borderline-Störung ist eine schwere Hypothek, die – abhängig von Ausprägung und Schweregrad – die Beziehungsgestaltung erschwert und Freunde und Partner nicht selten vor Probleme stellt, die sie fordern, möglicherweise auch überfordern. Dennoch zeigt die Realität: Befriedigende und dauerhafte Beziehungen und Partnerschaften sind durchaus möglich.

Auswirkung des »Schweregrades«

Noch einmal: Borderliner ist nicht Borderliner – die Spannweite der möglichen Beeinträchtigung ist enorm. Bei manchen ist sie auf einzelne Schrulligkeiten begrenzt:

Eine junge Frau z. B. kann einfach nicht ohne laufenden Fernsehapparat einschlafen. Sie reagiert mit diversen körperlichen Symptomen, sobald ihr Freund einen »Männerabend« plant. Die frühere Essstörung hat sich »erledigt«. Außer einem streng vegetarischen Speiseplan, den ihr Freund aus Überzeugung mit ihr teilt, ist nichts davon übrig geblieben. Ansonsten läuft die Beziehung perfekt. Beide Partner teilen dieselbe politische Überzeugung, die sie in vielen politischen Gremien gemeinsam arbeiten lässt. Das schweißt zusammen. Dass sie in ihrer politischen Arbeit sehr viel rigider, unnachgiebiger, kompromissloser ist als die anderen, stört die Beziehung wenig. Heftigen Streit gibt es nur, wenn er vergisst anzurufen, wenn es nach der Arbeit später wird, oder wenn sie das Gefühl hat, er macht sich vor anderen über sie lustig. Das kommt tatsächlich manchmal vor, weil er einen wenig einfühlsamen Humor hat. Dann kann es auch passieren, dass sie sich über

Stunden beleidigt in ihr Zimmer zurückzieht. Sie kann dann »abtreten«, ist irgendwo weit weg auf einer Insel, wo keiner ist. (Dies ist übrigens ein Trick, den sie schon lange anwendet. Schon in der Schulzeit hat sie sich auf diese Insel zurückgezogen, wenn ein Lehrer sie vor der Klasse beschämte oder andere Kinder sie auslachten.)

Oder ein junger, sehr hübscher, durchtrainierter Mann, nicht zu bremsen in seinen Hobbys: Segeln, Mountainbiking und Freeclimbing. Er ist der Held aller Frauen, zumindest derjenigen, mit denen er ausgeht, mit denen er »unbeschreiblich guten Sex« hat. Zu längeren Beziehungen kommt es nicht. »Ich brauche keinen Klotz am Bein«, sagt er. Seine Sportsfreunde und -freundinnen sind ihm genug. Und auch diesen genügt diese Form der Beziehung. Dass er – wenn er wieder einmal eine Beziehung »im Sand hat verlaufen lassen« (müssen) – besonders risikofreudig beim Klettern ist und nur von Glück reden kann, dass er noch nicht abgestürzt ist, dass viele ihn für »hohl«, »eingebildet«, »nichtssagend« halten, ist ihm nicht klar. Als Personalchef wird ihm eine fast unmenschliche Härte nachgesagt, was er nicht nachvollziehen kann. Das einzige, wovor er Angst hat, ist das Alter und der damit verbundene körperliche Abbau. Jedes Gramm Fett wird wegtrainiert, jede Falte mit Argwohn betrachtet und mit vielen Cremes geglättet. Und die Panikattacken, die ihn manchmal nachts überfallen, erfährt ja keiner.

Leider sind solche unauffälligen Beziehungsgestaltungen eher Einzelfälle. Denn im Grunde ist die Borderline-Störung eine Beziehungsstörung – entstanden aus schwierigen Beziehungen und in schwierige Beziehungen führend.

Wie Borderliner Beziehungen gestalten

In einer Borderline-Beziehung gelten eigene Gesetze. Es sind diese Gesetze, die jede Beziehung so schwierig machen und die oft zum Scheitern führen.

Die Angst vor dem Alleinsein und die Notwendigkeit, »alles unter Kontrolle« zu haben

Alexandra

▶ Was mich besonders nervt, ist die Tatsache, dass er dazu neigt, sich in alles erklärend und ausufernd einzumischen. Er hat geradezu die Sucht, sich unentbehrlich zu machen. Daher seine Hilfsbereitschaft, die oft rührend ist, aber auf die Dauer entsetzlich nervig und erdrückend. Und wenn ihm eine Laus über die Leber läuft, kriegt man sein Fett ab. Ich glaube, das hängt mit seiner ewigen Bindungssuche zusammen, seiner Angst nicht geliebt zu werden: Wer mich braucht, verlässt mich nicht! ◀

Die Angst vor dem Alleinsein ist das Motiv einer ständigen Suche nach dem einen, dem richtigen Partner, der umsorgt, gibt, immer da ist, die innere Leere füllt, die eigene so instabile Identität ersetzt. Diese Angst zwingt Menschen mit einer Borderline-Störung jedoch auch dann zur Aufnahme einer Beziehung, wenn diese von vornherein zum Scheitern verurteilt ist. Die Angst vor dem Alleinsein, vor dem Verlassenwerden macht manchmal unterwürfig bis zur Selbstaufgabe: »Ich muss meinem Partner zuliebe alles erdulden, damit er mich nicht verlässt«. Nicht selten macht sie jedoch auch herrschsüchtig: »Nur wenn ich alles im Griff habe, kann ich mich sicher fühlen« – und oft erpresserisch: »Wenn du mich verlässt, bringe ich mich um«.

Gleichzeitig ist diese Angst auch oft – so paradox es klingt – der Grund für Beziehungsabbrüche nach einem Streit. Ein Versöhnungsangebot anzunehmen, würde das weitere Zusammensein unter Umständen unkontrollierbar werden lassen und die mühsam aufrechterhaltene innere Stabilität ins Wanken bringen. Noch unerträglicher wäre es, wenn der Partner die (immer befürchtete) Trennung ausspricht und vollzieht.

Realitätsverlust – Nicht-wahrhaben-Wollen

Andreas

▶ »Ja gut, Sonja hat sich von mir getrennt. Ist ja auch kein Wunder, bei dem was gelaufen ist. Ja, ich verstehe sie sogar, hätte ich nicht anders gemacht. Aber das tut ja nichts zur Sache, dass sie jetzt mit Manfred herummacht, soll mich ja letztlich nur ärgern. Ich bin sicher, dass ich sie wieder herumkriege. Alles eine Frage der Zeit. Im Grunde ihres Herzens liebt sie nur mich. Wenn sie bei meinen Anrufen immer nur die Kühle spielt, das ist alles nur Schau; nächste Woche sind wir verabredet, weil wir noch ein paar Sachen austauschen müssen, da kriege ich sie rum.« ◀

Nach einer tatsächlich vom Partner ausgesprochenen Trennung kann es durchaus auch zu einem Realitätsverlust kommen: Borderliner wollen die Trennung einfach nicht wahrhaben. Sie verlieren in einer derartigen Situation die Gefühle des anderen völlig aus den Augen und fixieren sich gänzlich auf die Aufrechterhaltung des Kontaktes um jeden Preis.

Das Problem mit der Nähe

Gudrun

▶ Ich habe es satt, immer nur darauf zu warten, was wohl wieder passiert. Wenn es etwas Schönes für uns gab, dann kann ich sicher sein, dass ich dafür mit zwei umso schlimmeren Geschichten zahlen muss. Ich habe das Gefühl, ihn immer vorsichtiger behandeln zu müssen – wenn er mich dann wieder fertig macht, fühle ich mich selbst schuldig daran: Wäre ich doch nur einfühlsamer gewesen, dann wäre es anders gekommen oder so. Ich habe es satt, dauernd auf der Lauer zu liegen und dazwischen sein Entertainer zu sein. Ich möchte mich auch einmal fallen lassen können. Immer muss ich die Starke sein, aber wenn ich mal meine Stärke zeige, werde ich erniedrigt. Langsam kann ich nicht mehr. ◀

Zu einem funktionierenden Zusammenleben gehört die Fähigkeit, Nähe und Distanz zu anderen befriedigend für alle Beteiligten zu regulieren. Dazu gehört auch die Fähigkeit zur Differenzierung: Wir gestalten – im Übrigen unbewusst – unsere Beziehungen zu anderen Menschen ganz unterschiedlich nah. Die Beziehung zu einem Vorgesetzten sieht immer anders aus als die Beziehung zu einem alten Schulfreund, mit dem man am Wochenende Sport treibt. Und wieder anders sieht die Beziehung zu einem Partner aus, mit dem wir auch eine sexuelle Beziehung haben. Auf diese Weise entsteht ein Komplex unterschiedlich naher und auch ferner Beziehungen.

Diese unterschiedliche Regulation von Nähe und Ferne in zwischenmenschlichen Beziehungen fällt Borderlinern sehr schwer. Vor allem besonders enge, intime partnerschaftliche Beziehungen bedeuten eine Belastungsprobe, die nicht selten ihre Fähigkeit zur Nähe-Distanz-Regulierung überfordert. Einerseits brauchen sie Nähe, enorme Nähe, um ihre eigene innere Leere und das Fehlen einer eigenen stabilen Identität durch einen anderen »Ganz-nahe-Stehenden« auszugleichen. Aus diesem Grund wird die Nähe auch sehr schnell sexuelle Nähe, auch auf die Gefahr eines bösen Erwachens hin. Andererseits ist es gerade diese Nähe, die Angst macht, die Borderliner letztlich gar nicht aushalten können, denn aufgrund ihrer lebensgeschichtlichen Erfahrungen bedeutet Nähe oft Selbstaufgabe und Unterwerfung. Auch weil sie oft nicht wissen, nicht erfahren durften und konnten, was Harmonie und Nähe ist, weichen sie in der Suche danach gleich wieder davor zurück. Plötzlich wird die Nähe in einer partnerschaftlichen Beziehung zu dicht. Es bleibt nur die Flucht: Borderliner müssen dann ausweichen, sind ohne Grund für einige Tage verschwunden, treten ohne Erklärung allein eine Reise an. Sie fühlen sich durch Annäherung durch den Partner und dessen Fragen oder Bitten um Erklärung bedrängt und unerträglich unter Druck gesetzt. Es kann in solchen Situationen zu Wutausbrüchen und impulsivem Handeln wie auch zu selbstverletzenden Handlungen kommen. Eine typische Borderline-Lösung des Problems: Komm Du mir nicht zu nah', aber lass' mich ganz nah ran! Dieses »Ich will dir nah sein, ohne dass du mir zu nahe kommst!« macht auch die Kontrolle der Beziehung möglich.

Der Partner und die Spaltung

Klaus

▶ Ich weiß nicht, wo mir der Kopf steht. Was will sie eigentlich von mir? Mal steht sie täglich auf der Matte, wirft sich mir in die Arme – kann nicht genug von mir kriegen. Und dann? Tagelange Funkstille. Nicht mal das Handy hat sie an. Wenn ich es dann wage, bei ihr vorbeizufahren, macht sie mich fertig. Ich hätte sie nur ausgenutzt – wie alle Männer im Übrigen. Ich solle sie in Ruhe lassen. Kein Wort glaube sie mir mehr. Und ein paar Tage später geht das Spielchen von vorne los. Ich weiß auch nicht, warum ich mir das bieten lasse.

Irgendwie kommt es mir vor, als seien die »schlechten Tage« einfach der Preis für die »guten Tage«, die so schön sind, dass ich einfach nicht gehen kann. Ich weiß, wie sehr ich leide, wenn sie sich wieder einmal über Tage hinweg nicht meldet. Ich würde es nicht aushalten, wenn ich sie verlieren würde ... ◄

Durch ihre bestimmende Tendenz, zu idealisieren oder zu entwerten, durch die Welt des Entweder-Oder sind die Partnerschaften der Borderliners wohl besonders in Gefahr. Zu Beginn wird der Partner stark idealisiert. Er wird schnell zum Erlöser oder Befreier, zu einer Person, mit der zusammen plötzlich alle Welträtsel lösbar scheinen. Auch die sexuelle Beziehung kann in dieser Weise idealisiert sein. »Noch nie habe ich so etwas erlebt...«. Genauso rasch jedoch und für den Partner oft ohne jede Vorwarnung, ohne jede Verständnismöglichkeit verfallen Borderliner ins genaue Gegenteil. Die erste Dissonanz, der erste wahrgenommene »Fehler« des anderen, das erste nicht ganz positive Gefühl, die erste Auseinandersetzung – und sei es um ganz banale Kleinigkeiten – kann für sie die ganze Beziehung in ihren Grundfesten erschüttern und infrage stellen. Das ist ganz anders als beim »normalen« Verliebtsein, bei dem natürlich ebenfalls im Lauf der Zeit eine »Entidealisierung« stattfindet, das heißt die anfängliche Idealisierung einer realistischen Wahrnehmung weicht, ohne jedoch die Basis der Liebe in Frage zu stellen. Es ist der Mechanismus der Spaltung, der alles »Gute«, das ja weiterhin besteht, nicht mehr »fühlbar« macht. Borderliner können sich in einer solchen Situation unerklärlich abrupt und jäh vom Partner abwenden, die Beziehung, die gestern noch so ideal und harmonisch erschien, für gescheitert erklären. Aus einer beide Partner beglückenden Beziehung kann so blitzschnell eine massive Überforderungssituation für beide werden.

Was es für den Partner besonders schwierig macht – die Projektion

Ursula

► ... Zu anstrengend die nächtelange Diskussion, zu absurd die Anschuldigungen, zu tief der Fall in die Enttäuschung. Die Vorwürfe, **ich** sei aggressiv, **ich** sei ungerecht, **ich** sei hochnäsig, **ich** sei wie eine Schulmeisterin, und, und, und, gründeten sich für mich auf nichts und wieder nichts. Es hätte mich vollkommen verunsichert, wenn ich mich nicht bei meinen besten Freunden hätte rückversichern können, dass ich normal und unverändert sei. Das hört sich vielleicht lächerlich an, aber es war unbedingt notwendig als Schutz, um nicht in den Strudel psychologischer Kriegführung zu geraten. So empfand ich diese Vorfälle.

Ich zog mich zurück in Schweigen, ohne Bedauern, geradezu froh, diese Last los zu sein. Und ich fand das Leben wunderbar, weil ich nicht »verrückt« war ... ◀

So genannte frühe Abwehrmechanismen wie Spaltung, Projektion, projektive Identifikation, Verleugnung und andere sind, wie wir gesehen haben, typisch für die Borderline-Störung. Vor allem die beiden projektiven Abwehrmechanismen, Projektion und projektive Identifikation (siehe S. 30), sind gewissermaßen unbewusste »Tricks« eines Menschen mit einer Borderline-Störung, zwischen sich und dem »Unerträglichen«, der Wut, der Angst, der Enttäuschung zum Beispiel Distanz zu schaffen. Und bei beiden sind die Partner auf bestimmte Weise mit verwickelt, ohne zu wissen, was eigentlich mit ihnen geschieht.

Ein Beispiel für Projektion: Ein Mann mit einer Borderline-Störung ist so wütend, dass seine Angst vor der überwältigenden Wut ihn gewissermaßen zwingt, diese nach außen zu verlagern. Er schreibt sie nun seiner Frau zu. Er hat sich seiner Wut entledigt, sich seiner Verantwortung dafür entzogen – mit der Folge, dass er seine Frau schrecklich wütend erlebt und er selbst allen Grund hat, sich wütend zu »wehren«. Und die Frau? Sie versteht nichts, sucht nach Gründen und zweifelt an sich, ihrem Mann und ihrer Beziehung überhaupt.

Eine projektive Identifizierung: In unserem obigen Beispiel ist möglicherweise die projektive Identifizierung der zweite Schritt des Beziehungsdramas: Die Frau wird nicht nur als wütend erlebt, sondern sie wird wirklich wütend, und zwar in einer Weise, die sie überhaupt nicht an sich kennt. Sie erlebt nun selbst die Wut ihres Borderline-Partners und muss oder kann – wenn er und sie Glück haben – damit fertig werden. Er jedenfalls kann nun gewissermaßen aus der Ferne mit seiner/ihrer Wut umgehen, indem er seine Partnerin bekämpft, kontrolliert, bestraft.

Es ist also vor allem die projektive Identifizierung, die dem Partner eines Borderliners Probleme macht. Spätestens jetzt sind Grenzziehungen notwendig. Denn es ist ja nicht nur Wut, die durch projektive Identifikation abgewehrt wird. Wut nimmt dem Partner, der sie stellvertretend erleben muss, immerhin nicht seine Handlungsfähigkeit. Ist der Borderliner, dem nur beschränkte Abwehrmechanismen zur Verfügung stehen, um mit »schlimmen Gefühlen« klar zu kommen, zum Beispiel traurig, enttäuscht, ängstlich, verletzt, »leer«, so bleibt ihm auch dabei manchmal nur der Ausweg, diese Gefühle zum Selbstschutz auf den Partner zu projizieren. Die Folge ist, dass dieser nun solche Gefühle in sich hat – und nun sehen muss, wie er damit klar kommt. Vor allem die Gefühle der Hilflosigkeit und Leere, der Schuld und Scham, wirken – in den Partner hineinverlegt – so zerstörerisch.

Prüfsteine für die Belastbarkeit: Selbstverletzungen und Suizidalität

Anna und Peter

▶ Nach einer selbstverletzenden Handlung wird Anna ins Krankenhaus eingeliefert. Peter, mit dem sie seit einem halben Jahr zusammen ist, sieht den Pulsaderschnitt als Suizidversuch. »Was habe ich falsch gemacht, warum konntest du kein Vertrauen zu mir haben?« So lauten seine ersten Fragen an Anna. Er kann das, was geschehen ist, nur als riesigen Vertrauensbruch in ihrer bis dahin harmonischen Beziehung empfinden. Für Anna sind diese Nachfragen und all die Hilfsangebote quälend. Was soll sie nur dazu sagen? Sie weiß ja selbst nicht genau, was mit ihr geschehen ist. Sie weiß nur, dass der Druck, den sie seit Wochen verspürt, unerträglich geworden ist. Immer ist Peter bemüht, liebevoll und voller Verständnis. Er plant eine gemeinsame Existenz, spricht von Kindern, und sie selbst sieht doch oft nicht, wie sie über den nächsten Tag kommen soll. Wie soll sie ihm von ihren plötzlichen Ängsten berichten? Kann sie ihm sagen, dass es ihr manchmal über Wochen nicht möglich ist, in die Hauptvorlesung zu gehen, weil ihr Professor in ihr unerklärliche Ängste auslöst? Am Anfang ihrer Beziehung war sie so zuversichtlich, dass er sie aus den ganzen Schwierigkeiten herausholen könne. Er war ihr Held, allerdings nur für wenige Wochen. Dann konnte sie nichts mehr von sich erzählen. Er hätte sie ohnehin nicht verstehen können. ◀

Selbstverletzendes Verhalten

Selbstverletzungen lösen in Angehörigen und Partnern meist heftige Gefühle aus. Sie reichen von Mitleid und Hilflosigkeit bis hin zu Ärger und Wut darüber, dass der andere »so etwas tun konnte – ohne Rücksicht auf die Gefühle derer, die ihn lieben.« Und immer wieder werden Vorwürfe laut: »Warum hast du mich nicht in deine seelischen Probleme einbezogen, warum machst du alles mit dir selbst ab, warum kannst du meine Hilfe nicht annehmen?!« Fast immer kommen auch Selbstvorwürfe ins Spiel, da als aktueller Auslöser ja tatsächlich oft eine Situation ausgemacht werden kann, in der sich der Betroffene ungerecht behandelt, verletzt, zurückgesetzt oder beleidigt gefühlt hat. Immer aufs Neue werden Selbstverletzungen zum Prüfstein der Belastbarkeit des Partners und der Beziehung überhaupt.

Welche Reaktion ist für beide hilfreich?

Oberstes Fernziel ist Gelassenheit, emotionale Neutralität und innere Distanz zum Symptom selbst! Denn Selbstverletzungen sind Ausdruck eines inneren Kampfes, der gespeist wird aus Quellen aus einer anderen Zeit, einer anderen Beziehung und einer anderen Welt. Somit haben sie in allererster Linie eine Bedeutung für denjenigen, der sich selbst verletzt, und sind auch seine Sache. Sie geschehen auch meist im Zustand der Dissoziation. Das heißt: Selbstverletzungen gehören in die abgespaltene Welt, zu der Partner und Angehörige selten Zugang haben.

Was diesen bleibt, ist erst einmal die eigenen Gefühle wie z.B. der Angst und der Hilflosigkeit, aber auch des Ärgers und der Enttäuschung wahrzunehmen und zuzulassen. Vorwürfe sind nicht am Platze, ebenso wenig wie Selbstvorwürfe. Wichtig ist auch, dass Partner in einer solchen Situation nicht zu interpretieren beginnen, wie ein Verhalten des Betroffenen gemeint sein könnte. Worüber sie sprechen sollten, sind die eigenen Gefühle, nicht als Anklage und Vorwurf, sondern als »Anerkennung«, »Validierung« und Zeichen dafür, dass sie emotional »erreichbar« sind. Vielleicht haben sie dann einmal Zutritt zur dunklen Seite ihres Partners.

Bleiben Sie erreichbar!

Merksätze bei Selbstverletzungen

- Ich bin nicht gemeint.
- Meine Gefühle sind meine, aber ich kann sie äußern.
- Ich mache keine Vorwürfe.
- Mein Partner braucht professionelle Hilfe. Ich kann nicht helfen.

Suizidalität

Suizidale Gefährdung bahnt sich selten langsam an. Gedanken an den Tod tauchen oft überraschend und erschreckend auf. Suizidale Gedanken erzeugen große Angst, Betroffene versuchen oft gegen die düsteren Gedanken anzukämpfen, und sind ihnen dann oft doch ganz ausgeliefert. Und leider ist es dann oft nicht mehr weit bis zum Suizidversuch. Auch wenn Suizidalität nicht immer unmittelbar die tatsächliche Selbsttötung nach sich zieht und zunächst nur ein unbestimmtes Gefühl des Lebensüberdrusses erzeugt: Jede suizidale Phantasie, jede suizidale Absicht und jeder Suizidversuch bedeuten für einen Betroffenen höchste Gefahr.

Erste Anzeichen

Es ist für Angehörige schwer zu erkennen, wann wirklich Gefahr droht. Aber Suizidalität kündigt sich an. Ein erstes Anzeichen ist manchmal das Gefühl, den Partner wie ein rohes Ei behandeln zum müssen. Hierin zeigt sich, dass die Spannung ansteigt und/oder das Gefühl der Leere sich breit macht. Deutlicher wird dies noch, wenn der gefährdete Partner nur noch von Hoffnungslosigkeit, Sinnlosigkeit redet, da Suizidversuche meist innerhalb einer depressiven Episode geschehen. Sozialer Rückzug sowohl innerhalb der Beziehung als auch außerhalb sind weitere Alarmzeichen.

Suizidalität kündigt sich an!

Akute Gefahr droht, wenn der Partner

- von Suizidphantasien berichtet oder vermehrt zu hochriskanten Verhaltensweisen neigt,
- wenn er sich mit Menschen zu identifizieren beginnt, die durch Suizid verstorben sind,

- wenn er plötzlich beginnt, bedeutungsvolle oder persönlich wichtige Gegenstände zu verschenken und wenn er Aktivitäten aufgibt, die ihm bisher Befriedigung verschaffen konnten.

Was können Angehörige tun?

Akute Suizidalität markiert den Punkt, an dem eine Krisenbehandlung in einer stationären Behandlungseinrichtung notwendig ist. Angehörige müssen nüchtern erkennen, dass sie angesichts eines Suizidrisikos die Verantwortung nicht länger allein tragen können. Sie sind überfordert, weil ihnen Erfahrung im Umgang mit suizidalen Menschen fehlt und weil sie niemals neutral sein können. Bei dieser Komplikation einer Borderline-Störung müssen professionelle Helfer vorübergehend Verantwortung für die Situation übernehmen. Partner, Angehörige, Freunde müssen auf eine sofortige Vorstellung bei einem Nervenarzt, einem Psychiater oder in der Notaufnahme einer psychiatrischen Fachklinik oder einer psychiatrischen Abteilung eines Allgemeinkrankenhauses drängen. Bei all dem sollte aber immer offen mit dem Betroffenen über seine Suizidalität geredet werden.

Offen über die Suizidalität sprechen!

Wie spreche ich als Angehöriger über das Problem der Suizidalität?

- Ich rede nicht um den heißen Brei herum: Ich spreche meine Befürchtungen offen aus! (Auch Angehörige machen wie professionelle Helfer die Erfahrung, dass Betroffene dankbar sind, wenn das Suizidthema offen und ohne Hemmungen angesprochen wird.)
- Ich werde nicht anklagend. (»Wie kannst du nur auf solche Gedanken kommen, denkst du denn nicht an uns, die wir uns doch so um dich bemühen? Warum willst du uns denn allein lassen?«)
- Ich vertrete offen die Notwendigkeit neutraler professioneller Hilfe! Keine Tricks!
- Ich biete an, den Kontakt zu einem niedergelassenen Arzt, einer Klinikambulanz oder einer Kriseninterventionseinrichtung herzustellen.

Zusammenfassung

Die Borderline-Störung ist in schwierigen Beziehungen entstanden und führt geradezu zwangsläufig in schwierige Beziehungen. Oft stellen die borderlinespezifischen Abwehrmechanismen den Partner vor große Probleme, denn der Borderliner will die Beziehung kontrollieren, er will einseitige Nähe, mal ist der Partner »Ein und Alles«, mal »das Letzte«, Negatives wird auf den Partner projiziert, usw. Selbstverletzungen und Suizidalität sind schwierige Probleme. Partner sollten ihre Gefühle dazu klar äußern, jedoch keine Vorwürfe machen. Hier ist professionelle Hilfe wichtig, bei Suizidalität unabdingbar.

Wie es funktionieren kann: Bis hierher und nicht weiter

Grenzen ziehen

Conny

▶ Ich habe auch lernen müssen, mich möglichst unabhängig in der Balance zwischen Liebe, Sympathie, Respekt und Kritik zu halten. Für mich kommt eine gemeinsame Wohnung oder gar eine Ehe nicht in Frage und zu viel räumliche Nähe ist nicht gut für mich. Immer wieder brauche ich Luft und Distanz – zum Atmen, zum Nachdenken, zum Freisein und zur Dankbarkeit, dass es uns trotz allem gelingt, Glück und Geborgenheit miteinander zu empfinden. ◀

Grenzenlos?

Die Borderline-Störung ist eine Störung der Identität und damit auch eine Störung der Grenzen zwischen dem Ich und dem Du. Die ständige Frage »Wer bin ich eigentlich?« bedeutet immer auch: »Wo sind meine Grenzen, was gehört zu mir? Wo beginnt der andere mit seinen eigenen Bedürfnissen und Ansprüchen? Wo endet seine Belastbarkeit?« Was also Borderline-Beziehungen neben all dem anderen manchmal so schwierig macht, ist das Fehlen von Grenzen, ohne die keine Beziehung funktionieren kann.

Deshalb müssen vor allem die Partner von Borderlinern lernen, Grenzen zu setzen – und zwar *nicht erst* dann, wenn ihr Partner in seiner Wut *zu* gefährlich, in seiner Angst vor dem Verlassenwerden *zu* eifersüchtig, einschränkend, kontrollierend, *zu* anklammernd, in seiner Entwertung *zu* verletzend, in seiner Enttäuschung *zu* rachsüchtig wird. Grenzen zu bewahren oder sie einzusetzen, ist von Anfang an die Voraussetzung dafür, dass jede Beziehung funktioniert.

Grenzen ziehen können bedeutet auch: Der »gesunde« Partner muss möglicherweise selbst an sich arbeiten – oft auch mithilfe eines Therapeuten. Denn nicht selten sind es auch Merkmale des gesunden Partners, die die gegenseitige Verstrickung fördern. Eigene Schwierigkeiten können ihm die notwendige Grenzziehung erschweren oder gar unmöglich machen. Partner von Borderlinern müssen sich verabschieden von einem Selbstbild, das Sätze beinhaltet wie: Ich bin immer für andere da. Ich strebe immer nach dem Glück der anderen. Ich helfe immer gerne. Ich lebe nicht für mich, nur für andere. Ich bin bedürfnislos oder ich stelle meine Bedürfnisse hintan. Mir geht es gut, wenn es anderen gut geht. ...

Selbstaufopferung ist nicht hilfreich!

Die Partner müssen »hart« sein können, denn erst zu große Nachgiebigkeit macht Grenzverletzungen möglich. Sie müssen realistisch sein, denn zu großen Hoffnungen folgen oft ebenso große Enttäuschungen. Und sie müssen in der Lage sein, auch einmal ohne schlechtes Gewissen sagen zu können: »Das ist nun wirklich *dein* Problem!«

Ich kann nicht mehr

Ruhe, verlässliche Gelassenheit und stabile Grenzen sind die Voraussetzung für das Gelingen einer Beziehung. Auch bei Turbulenzen kann dann Vertrauen da sein, dass bei allem Auf und Ab nichts Schlimmes passieren wird. Diese Ruhe und Gelassenheit bei all den möglichen Turbulenzen zu bewahren und dem Partner ein fast schon therapeutisches Verständnis entgegenzubringen, gelingt aber meist nur phasenweise. Über kurz oder lang gelangen Partner dann doch an die Grenzen ihrer Belastbarkeit, die sie und ihr Partner – auch das ist Grenzziehung – akzeptieren müssen. Und dann?

Wege aus der Sackgasse

Paartherapie?

Nicht selten erscheint eine Paartherapie als letzte Rettung. Leider setzt diese jedoch Fähigkeiten voraus, die Borderlinern oft nicht zur Verfügung stehen: Beide Partner müssen die Fähigkeit zur Selbstreflexion und zur Wahrnehmung und Wertung der eigenen Gefühlszustände haben. Beide müssen in der Lage sein, sich in Ruhe anzuhören, was der andere über einen erzählt, ohne darüber sofort in die völlige Entwertung des Partners zu verfallen. Voraussetzung für die Durchführung einer Paartherapie ist deshalb tatsächlich oft, dass der Borderline-Betroffene in einer eigenen Psychotherapie bereits erhebliche Fortschritte gemacht hat. Ohne diese kann er dem Druck und der Belastung, die eine Paartherapie mit sich bringt, nicht stand halten.

Eine Paartherapie ist nicht immer sinnvoll.

Beziehungspausen

Anita

▶ Wir haben uns für mehrere Monate auf Rat seines Therapeuten getrennt. In dieser Zeit waren wir aber gar nicht getrennt. Ich blieb seine wichtigste Bezugsperson durch ausgiebige Korrespondenz und stundenlange Telefonate. Ich lernte, kein Blatt vor den Mund zu nehmen. Meine wichtigste Erkenntnis in dieser Zeit der räumlichen Trennung war, dass ich nichts beschönigen darf, auch auf die Gefahr hin, dass wieder ein verzweifelter Ausbruch folgt. Seine Erkenntnis: »Ich muss – vielleicht an erster Stelle – lernen, einen Weg zum Selbstschutz zu finden, ohne ewig auf den ›rettenden Engel‹ zu warten, der mir die Wege zum Glück weist.« Ich glaube, er lernte auch, mit seiner Angst vor dem Verlassenwerden besser zu leben, ohne dass ich mich ständig zur Verfügung stellte. Meine Kinder waren mir in dieser schwierigen Anfangsphase eine große Hilfe, allein durch ihre mich fordernde Anwesenheit. Das bedeutete ja auch, dass er eben nicht der Nabel der Welt war, dass es außer ihm auch andere Menschen – zum Beispiel auch mich selbst mit Bedürfnissen, Rechten und Ansprüchen gibt. ◀

Manchmal muss auch an eine Beziehungspause gedacht werden. Für eine solche Pause muss es dann klare Regeln geben, wenn nötig unter der Vermittlung eines Mediators, einer neutralen dritten Person, der wie eine Art Schlichter wirkt: Dies kann ein Psychotherapeut, aber auch eine Person des beiderseitigen Vertrauens sein. Es muss klar geregelt werden, wie in dieser »Auszeit« der Beziehung der Kontakt geregelt ist, ob und zu welchen Zeiten telefoniert wird, ob und, wenn ja, wie häufig es zu persönlichen Treffen kommt und in welchem Rahmen diese stattfinden können. Beide Partner müssen sich verpflichten, diese Regeln einzuhalten. Nach dem Ablauf einer solchen Unterbrechung, die Wochen oder einige Monate dauern kann, wird unter Anwesenheit des Mediators darüber gesprochen, ob eine Wiederaufnahme der Beziehung von beiden gewünscht ist und welche Verhaltensregeln für die Zukunft vereinbart werden. Dabei kann ähnlich zur Themenhierarchie der Psychotherapie der Borderline-Störung (s. S. 99) vorgegangen werden. Störende Verhaltensweisen werden identifiziert und gewertet: Was ist für den Partner nicht akzeptabel? Was kann noch ertragen werden, wenn es nicht zu häufig geschieht? Was ist eigentlich nicht so schlimm und wurde in all dem Stress nur aufgebauscht?

 Für Beziehungspausen klare Regeln verabreden!

Meist brauchen beide eine solche klare Orientierung und auch eine Verabredung darüber, was geschieht, wenn die Vereinbarung nicht eingehalten werden kann. Nur wenn sich das emotionale Chaos vermeiden lässt, wird in eine Partnerschaft Ruhe und Verlässlichkeit einkehren können. Dann aber hat sie eine wirkliche Perspektive.

Einbeziehung in die Psychotherapie des Borderline-Partners

Fast immer ist jedoch die Psychotherapie des Partners mit der Borderline-Störung die Voraussetzung für das Gelingen einer befriedigenden Partnerschaft, vielleicht auch nur deswegen, weil dann *dort* »gekämpft« wird und nicht alle Schwierigkeiten in die Beziehung eingebracht und dort ausgelebt werden müssen.

In Krisenzeiten können dann möglicherweise stützende Gespräche mit dem behandelnden Psychotherapeuten hilfreich sein. Aber Vorsicht: Nicht alle Borderline-Patienten können es sich vorstellen, ihren Partner oder ihre Partnerin in ihre Psychotherapie zu integrieren. Dieser Raum wird oft als rettende Insel im Strom des schwer erträglichen

Alltagslebens empfunden. Das Einbeziehen des Partners kann dann das Eindringen eben dieses Alltags mit seinen Konflikten in den schützenden Raum der Psychotherapie bedeuten und möglicherweise sogar die Beziehung zum Psychotherapeuten gefährden. Wenn der Partner jedoch zugelassen werden kann, ist die Chance groß, dass (wieder) ein Gespräch zwischen beiden entsteht – und zwar ein Gespräch, in dem es um die wirklichen Probleme geht.

Viele Borderliner sprechen nämlich über alles, nur nicht über das, was wirklich ihre Beziehung gefährdet. Es fällt ihnen viel leichter, die Symptome und Probleme zum Thema zu machen, die nicht im Kern ihres Leides liegen, solange sie geeignet sind, alle Aufmerksamkeit des Gesprächspartners zu beanspruchen. Sie sprechen dann über den Drang, sich selbst zu verletzen, über sexuellen oder körperlichen Missbrauch oder über ihre Essstörungen. Sie sprechen nicht über ihre unsteten Beziehungsmuster, über ihr mangelndes Vertrauen und über ihre Angst vor Nähe. Nur wenn in der Partnerschaft mithilfe des Psychotherapeuten diese Ebene des Gesprächs erreicht wird, kann der Druck aus der Partnerschaft genommen werden, der von den vielen anderen »spektakulären« Symptomen wie selbstverletzendem Verhalten, Sucht und so weiter ausgeht.

Die eigene Beratung und/oder Psychotherapie

Ursula – nach einem Streit, der zu einer (vorübergehenden) Trennung führte

► Ich bin so wütend, wie schon lange nicht mehr. Ich habe ihn endlich hinausgeworfen. Jetzt sitze ich da und weiß nicht, wohin mit meiner Wut. Also schreibe ich: »Was ich mir merken muss!«

Bloß nicht in den Arm nehmen und trösten, denn das zementiert seine Selbstverliebtheit und seine ewige Rechthaberei! Und dann wird man erst recht fertig gemacht ! Und wie!!!

Jetzt ist er wieder ganz unten! Und ich bin schuld! Aber warum eigentlich?! Warum schafft er es immer wieder, dass auch ich mich in diesen Psycho-Sumpf hineinziehen lasse?! Und immer wieder denke ich: Ich kann ihm helfen. Nichts! Habe ich nicht irgendwo gelesen: »Der Partner eines Borderliners darf nicht in die Rolle des Therapeuten geraten!«?

Also: Es war richtig und erlaubt zu sagen: »Geh weg. Du tust mir weh. Du tust mir Unrecht. So benimmt man sich nicht. Ich helfe dir jetzt nicht. Schau, was du anrichtest!!!« Es war besser, ihn rauszuschmeißen. Das schreibe ich dreimal! Ich durfte das, ich musste das, es war besser!!! Und immer noch das schlechte Gewissen!!!

Noch so ein Satz, den ich gelesen habe: »Eine Borderline-Störung ist geradezu die Garantie für scheiternde Beziehungen.« Recht hat der, der das geschrieben hat!!! Man kann im Grunde nicht damit leben, es sei denn, man begibt sich selbst auf langwierige Selbstfindungswege und hat einen, der einem dabei hilft!!!

Also: Ich suche mir jetzt einen – **meinen** – eigenen Therapeuten. Ich brauche jemanden, der mich schützt!!! Und bloß keine Paartherapie! Da sahnt doch er wieder ab!!! ◄

Die Grenzen der Belastbarkeit haben immer auch mit der eigenen Geschichte, der eigenen Psyche zu tun. Auch der Wunsch, trotz aller Schwierigkeiten beim Borderline-Partner zu bleiben, ihn auch auf Kosten des eigenen psychischen Überlebens nicht verlassen zu können, wird oft aus Quellen gespeist, die dem bewussten Wollen entzogen sind. Deswegen berichten viele Partner von Borderlinern, dass ihnen oft erst eine eigene Psychotherapie aus dem Gefühlschaos, das eine Borderline-Beziehung nur allzu oft bedeutet, herausgeholfen hat. Sei es, dass ihnen dann eine Trennung möglich wurde, oder sei es, dass sie in die Lage versetzt wurden, die Beziehung zu ihrem Partner so zu gestalten, dass sie ihre eigenen Grenzen wahren konnten.

Perspektiven

Noch einmal Ursula: Wie wir heute klar kommen

► Ich habe gelernt: Ich darf nichts beschönigen, auch auf die Gefahr hin, dass wieder ein verzweifelter Ausbruch folgt. Das bedeutet:

Ich nehme mir das Recht, auf die unnormalen Verhaltensweisen immer und überall hinzuweisen. Wenn ich mal nicht weiter komme, mich furchtbar ärgern muss oder es leid bin, die ewige Ersatz-Mama zu spielen, greife ich wie zu Beginn unserer Fernbeziehung zum Füller und schreibe mir wütend alles von der Seele, immer damit rechnend, dass dann eben

»Schluss« ist wie damals, beim zweiten Auftritt, als wir uns kennen lernten.

Vielleicht habe ich ihm so auch glaubhaft machen können, dass man mich nicht runter machen kann ohne Folgen. Nicht durch Liebesentzug, sondern durch das Aufweisen der Grenzen, der Umzeichnung meiner individuellen Schutzräume.

Ein Trick half mir in vielen Krisen und hilft mir heute in dieser Geschichte auch: Immer wenn ich meine, dass nun wirklich nichts mehr weiter geht, dass die Sorgen mich erdrücken, setze ich mich hin und schreibe mir all das Positive auf, das in meinem Leben **dennoch** existiert: Von der singenden Amsel am Morgen nach Albtraumnächten, dem fordernden Kläffen meines Hundes, der Freude an Farben, Gerüchen und dem morgendlichen Kaffee bis zu den doch immer möglichen Gesprächen mit meiner Freundin und mit meinen Kindern.

So halte ich es auch mit meiner Beziehung zu ihm, wenn ich mich wieder mal frage, ob das überhaupt einen Sinn hat, immer auf der Hut zu sein. Dann denke ich an die schönen Seiten unserer Beziehung, die uns zueinander geführt haben, an all das Interessante, das uns verbindet und daran, dass wir es geschafft haben, die schrecklichen Kräche, Auftritte und Ungerechtigkeiten dieser Krankheit irgendwie zu meistern. ◄

Was Hoffnung macht: Viele Borderline-Beziehungen stabilisieren sich über die Jahre. Die anfänglich unerklärlichen Verhaltensweisen und Verhaltensänderungen des betroffenen Partners werden vertraut. Angst, Aufregung und Hilflosigkeit werden weniger stark. Es tritt eine gewisse Vertrautheit mit der seelischen Störung ein, die letztlich hilfreich ist und die auch in den gängigen therapeutischen Ansätzen ein Ziel der Therapie ist. Wenn ein selbstbeschädigendes Verhalten vom Partner nicht mehr automatisch mit einem Suizidversuch gleichgesetzt wird, wenn dem Partner bewusst wird, dass etwa Ritzen oder Schneiden meist aus einer unlösbaren inneren Spannung entsteht, dann muss dies nicht mehr als Vertrauensverlust erlebt werden. Wenn über die Zeit deutlich wird, dass die Äußerung von Ärger und Wut nicht unbedingt eine Schwierigkeit in der Beziehung ausdrückt, wenn das Zurückweichen vor Nähe vom Partner nicht mehr als Zurückweisung erlebt wird, dann können auch die Schwierigkeiten einer Borderline-Beziehung überwunden werden. Viele tragfähige Partnerschaften zwischen Betroffenen und Nichtbetroffenen beweisen dies.

Zusammenfassung

Der Partner muss dem Borderliner unbedingt Grenzen setzen, die dieser selbst nicht spürt. Für viele Menschen ist das sehr schwierig. Eine Paartherapie ist dennoch meist wenig sinnvoll. Klar definierte Beziehungspausen oder ein Unterstützen der Therapie des Borderliners können hilfreich sein. Sinnvoll ist es, wenn der Partner eine eigene Beratung oder Therapie sucht. Im Lauf der Zeit kann sich auf diese Weise eine Borderline-Beziehung stabilisieren.

Informationen

Borderliner im Internet

Markus

▶ Ich habe den Überblick verloren. Wenn ich nach Hause komme sehe ich sofort die neuen Mails durch. Es ist kompliziert geworden, weil ich nicht mehr auseinanderhalten kann, wem ich welche meiner Geschichten von mir erzählt habe. Das macht mich ganz konfus. Einmal habe ich mich mit einer Frau, die ich in einem Chatroom kennen gelernt habe getroffen. Ein reines Desaster. Ich wusste nicht, was ich mit ihr reden soll. Sie schrieb so nette Mails, die immer dichter wurden. Ich dachte wirklich, jetzt endlich jemanden gefunden zu haben. Wir haben uns auch früh über unsere sexuellen Vorlieben verständigt. Und dann dieses Treffen in der Cafeteria meines Instituts. Von Anfang war die Frage in meinem Kopf: Wie kommst du da jetzt möglichst schnell wieder raus? Es ist aber nicht vorbei. Im Augenblick schreibt mir eine jeden Tag Liebesgedichte. Ich fühle mich leer, wenn ich sie gelesen habe. Sie will sich mit mir treffen, doch damit ist erst einmal Schluss. Trotzdem antworte ich, oft mehrmals am Tag. Manchmal sehe ich gleichzeitig fern, während ich im Internet bin. Das nimmt dann die Anspannung etwas. Mein Alkoholkonsum macht mir in letzter Zeit wieder Sorgen. ◀

Möglichkeiten

Das Internet ist eigentlich *das* Medium für Borderliner geworden; bei kaum einer anderen psychischen Störung findet man im Netz derart viele, zum Teil auch sehr persönliche Berichte von Betroffenen, die zum Teil Details der individuellen Krankengeschichte enthalten, bis hin zu den Arztbriefen der Behandlungseinrichtungen, bei denen bisher Hilfe gesucht wurde. Das Netz erlaubt Betroffenen mit einer ihrer Hauptschwierigkeiten, der Regulation von Nähe und Distanz im persönlichen Kontakt, sehr kompetent umzugehen. Sie haben es selbst in der Hand, wie viel Nähe letztlich aus diesen Kontakten entstehen soll und kann.

Gefahren

Für Borderliner bietet das Internet auch Gefahren. Unsere multimediale Gesellschaft begann mit dem Fernsehen und setzt sich mit dem PC-Bildschirm fort: Beide Medien sind in der Lage, ein permanentes Überangebot an äußeren Reizen zu erzeugen, und nicht wenige Betroffene berichten, dass sie in Krisenzeiten ihr Fernsehgerät wie eine »Wunderlampe« einschalten, die sie in einen tranceähnlichen Zustand jenseits von Zeit und Raum versetzt.

Das Fernsehgerät wie der PC-Bildschirm mit dem allgegenwärtigen Internet macht das komplizierte Leben von Betroffenen dann noch komplizierter: Der süchtige Gebrauch des Internets ist auch von Wissenschaftlern mittlerweile beschrieben worden. Borderliner, die ohnehin suchtgefährdet sind, kommen durch eine Übernutzung des Internets in zusätzliche Belastungen, die dann auch neue Symptome erzeugen können.

Äußeres und inneres Chaos

Borderliner sind ohnehin den ganzen Tag damit beschäftigt, mit dem eigenen inneren Chaos klarzukommen: Glück oder Unglück, Hass oder Liebe, richtig oder falsch, rational oder irrational. Die Beschäftigung mit dem Internet kann in dieser Situation dazu führen, dass Betroffene sich ganz aus den restlichen sozialen Bezügen ausklinken, dass sie das Medium zum wahren Leben werden lassen. Was verursacht ein Überangebot an äußeren Reizen, die ja auch emotionsgeladen sind – sei es ein Videoclip, sei es ein Chat– bei einem Menschen, der ohnehin schon unter zuviel Angst, Unentschlossenheit, chaotischen Verhaltensweisen leidet? Betroffene schildern, dass aus solchen Situationen Denkstörungen, Gedächtnisprobleme und massive Zeitverschiebungen bis hin zur Auflösung des Tag-Nacht-Rhythmus resultieren können.

Das Medium kann zum Ersatz für das wahre Leben werden.

Die meisten Borderline-Patienten haben eine überdurchschnittliche Intelligenz. Ihre Defizite liegen im Bereich der emotionalen Verarbeitung von Erlebnissen und Situationen. Sie brauchen bei jedem Kontakt das Gefühl der Rückversicherung ihrer eigenen Gefühle: War sie jetzt wirklich nett zu mir oder ist das nur ein Trick? Kann ich mich auf ihn verlassen oder stößt er mich ab? Warum fühle ich plötzlich Trauer? Was hat sie eigentlich gesagt? Diese Fragen lassen sich im Chat nicht beantworten. Es entsteht auf der einen Seite ein überdichtes Netz an Kommunikationsangeboten: dieses ist aber durch das Medium geformt. Eine E-Mail ist eine E-Mail und kein Brief und kein Telefonat und kein wirkliches Gespräch. Bei den elektronischen Medien fehlt die Möglichkeit zur Rückversicherung, zur Validierung der eigenen Gefühle.

Entfremdungsgefühle können entstehen. Der Kommunikationsraum wird immer abstrakter, Gefühle werden immer schwerer lesbar. Betroffene, die das Internet rege nutzen, schildern häufig ein inneres Gefühl, das zwischen Langweile und maximaler Angespanntheit hin und her pendelt. Entfremdungserlebnisse gegenüber dem Selbst und der Umwelt können zunehmen. Innere und äußere Scheinwelt vermengen sich und werden unentwirrbar. Das Gefühl innerer Leere, ein Grundgefühl von Borderlinern, gegen das sie ohnehin anzukämpfen haben, wird immer stärker.

Dabei bleibt trotzdem immer die Hoffnung erhalten, doch den wahren, intensiven und echten Kontakt über das Medium Internet zu finden. In den entstehenden Chat- oder E-Mail-Kontakten nimmt dabei die Geschwindigkeit zu, mit der Betroffene versuchen, Nähe herzustellen. Idealisierungen von Gesprächspartnern stellen sich ein, die Kommunikation lädt sich oft auch sehr rasch erotisch auf. Dabei ist immer klar, dass der ersehnte Spiegel des eigenen Selbst, der Lebenssinn auf diese Weise doch wieder verfehlt werden wird.

Borderline im Net

Im Internet existieren mittlerweile eine Vielzahl von Angeboten für Betroffene, es hat sich ein breites Angebot mit vielen persönlichen Homepages, Chatrooms, moderierten Mailinglisten und Selbsthilfeangeboten entwickelt. Daneben präsentieren auch viele professionelle Helfer, von Kliniken bis zu niedergelassenen Therapeuten, im Netz ihre Hilfsangebote für Betroffene. Im Folgenden werden einige dieser Angebote aufgelistet. Dies geschieht ohne jeden Anspruch auf Vollständigkeit. Das Internet ist ein dynamisches Medium: Auch Angebote, die den Autoren zum Zeitpunkt der Niederschrift als qualitativ gut imponierten, können sich mittlerweile in ihrer Qualität verändert haben. Gewarnt werden muss auch vor manchen Chatrooms, in denen geradezu Empfehlungen für Selbstverletzungen oder Suizidmethoden erörtert werden. Das Internet ist eben ein unzensiertes Medium.

Stand der Auswahl ist die Drucklegung dieses Ratgebers; es empfiehlt sich auch immer eine Suche unter dem Begriff »Borderline« oder etwa »Borderline-Syndrom Therapieangebote« in einer der bekannten Suchmaschinen wie Google (www.google.de) oder Yahoo (www.yahoo.de; www.yahoo.com).

Ausgewählte Internet-Adressen: Deutsch

home.pages.at/borderline
Informative und ausgewogene Seiten für Betroffene und ihre Angehörigen. Informationen auf aktuellem Niveau.

www.borderline-community.de
Internetbasiertes Forum für Betroffene und ihre Angehörigen. Diverse Chat-Angebote. Informatives und seriöses Angebot. Auch Möglichkeit, von Experten Ratschläge zu bekommen. Hinweise auf stationäre Therapieangebote

www.borderline-selbsthilfe.de
Virtuelle Selbsthilfegruppe für Betroffene.

www.borderline-angehörige.de
Virtuelle Selbsthilfegruppe für Angehörige und Partner von Betroffenen mit Chats und Mailinglisten.

www.borderline-treffpunkt.de
Treffpunkt für Betroffene, ihre Angehörigen und Interessierte. Mit Informationen zur Krankheit, Adressen, Selbsttest, Betroffenenberichten u.a.

www.borderline-welt.de
Zahlreiche Informationen zur Borderline-Symptomatik, Mailingliste und Chat für Betroffene.

www.bpd-partner.de
Informationen und Mailingliste für Freunde und Partner von Menschen, die an einer Borderline-Störung leiden.

www.jugend-hilft-jugend.de
Beratungsangebot für jugendliche Betroffene. Zusätzlich gute Informationen zu Sucht und Drogenmissbrauch.

www.uni-duesseldorf.de/AWMF
Leitlinien der Arbeitsgemeinschaft der wissenschaftlichen medizinischen Fachgesellschaften: Leitlinien psychotherapeutische Medizin und Psychosomatik zur Behandlung der Borderline-Persönlichkeitsstörung. Behandlungsempfehlungen unter den Gesichtspunkten der evidenzbasierten Medizin.

www.rotetraenen.de
Nicht expertenmoderierte Plattform. Hier geht es vor allem um selbstverletzendes Verhalten. Viele Erfahrungsberichte und Hinweise auf andere Informationsquellen.

Ausgewählte Internet-Adressen: Englisch

www.mhsanctuary.com/borderline
Plattform mit Expertenbeiträgen und Selbsthilfeforen. Ausführlich und auf hohem wissenschaftlichem Niveau.

www.psycom.net/depression.central.borderline.html
Ermöglicht die Vertiefung in einzelne Aspekte von Diagnostik und Therapie. Auch ausführliche Informationen zu medikamentösen Behandlungsmöglichkeiten.

www.mental-health-today.com/borderline
Eine Seite, die sich sowohl an Betroffene und ihre Angehörigen als auch an professionelle Helfer richtet, mit entsprechenden Chat- und Mailinglisten-Angeboten. Gutes Niveau der Informationen.

www.bpdcentral.com
Dies ist eines der ältesten und wirklich seriösen Angebote für Betroffene und ihre Angehörigen mit vielen Links zu verwandten Themen.

www.borderlineresearch.org
Eine forschungsorientierte Seite. Die Möglichkeit neueste Therapieleitlinien einzusehen und zu sehen, wohin die Grundlagenforschung zur Borderline-Störung läuft.

Adressen

Therapieangebote nach DBT

Im Folgenden werden einige Adressen für die stationäre und ambulante Behandlung nach dem Konzept der DBT aufgeführt. Es wurden in diese Liste ausschließlich Institutionen aufgenommen, die in einem selbst organisierten Netzwerk der DBT-Einrichtungen kooperieren. Dabei beteiligte niedergelassene Therapeuten konnten aus standesrechtlichen Gründen in diese Auflistung nicht aufgenommen werden. Auch die Liste der Institutionen erhebt keinerlei Anspruch auf Vollständigkeit. Für Betroffene mit dem Wunsch nach einer stationären oder ambulanten Therapie ist immer auch die Kontaktaufnahme mit der lokalen Kassenärztlichen Vereinigung, dem zuständigen psychiatrischen Krankenhaus oder der zuständigen Abteilung am nächsten Krankenhaus zu empfehlen. Außerdem ist die »Therapieszene« für Borderlinestörungen sehr dynamisch; es kommen laufend neue Angebote hinzu.

Institution, ggf. Besonderheiten	ambulant (a) stationär (s)	Männer (M) Frauen (F) gemischt (gem.)	Therapeutisches Angebot	Anschrift	Telefon
Bezirkskrankenhaus Ansbach, Therapeutische Übergangseinrichtung	a	gem.	Einzeltherapie + Skillsgruppe	Karolinenstr. 6 91522 Ansbach	Tel. 09 81/9 44 74 Fax 09 81/17170
Medizinisch-Psychosomatische Klinik Bad Bramstedt	s	gem.	Station mit Schwerpunkt für Persönlichkeits- störungen	Birkenweg 10 24576 Bad Bramstedt	Tel. 0 41 92/504-608 Tel. 0 41 92/504-620
Zentrum für Psychiatrie und psychotherapeutische Medizin, Krankenanstalten Gilead	a, s	F, gem.	DBT	Remterweg 69/71 33617 Bielefeld	Tel. 05 21/144-37 06 Fax 05 21/144-22 20
Klinik Dr. Heines	s	gem.	DBT (12 Wo.)	Rockwinkeler Landstr. 110 28352 Bremen	Tel. 04 21/42 89-247 Fax 04 21/42 89-130
Abteilung für Psychiatrie und Psychotherapie, Universitätsklinikum Freiburg	a, s	M, F, gem.	Borderline-Station, DBT, VT, Hypno- Therapie, Spezial- sprechstunde	Hauptstr. 5 79104 Freiburg	Tel. 07 61/270-69 32 Fax 07 61/270-66 19
Klinik für Psychiatrie und Psycho- therapie an der Christian-Albrechts- Universität	a, s	F	DBT	Niemannsweg 147 24105 Kiel	Tel. 04 31/5 97 26 81
Rheinische Kliniken Köln	a, s	F, gem.	BPS und Komorbidität Sucht/Ess- störung	Wilhelm-Griesinger- Str. 23 51109 Köln	Tel. 02 21/89 93-1 Tel. 02 21/89 93-342 Fax 02 21/89 93-647
Klinikum rechts der Isar, TU München Institut und Poliklinik für Psycho- somatische Medizin, Psychothera- pie und Medizinische Psychologie	a	F	Spezialambulanz für Trauma und BPS/Skills-Training, Vermittlung	Langerstr. 3 81675 München	Tel. 089/4140-4395
Klinikum rechts der Isar, TU München Psychiatrische Klinik und Poliklinik	s	F	Kognitive VT	Ismaninger Str. 22 81675 München	Tel. 089/4140-42 24 Fax 089/4140-48 37
Klinik für Psychiatrie und Psychotherapie Klinikum Nürnberg	a, s	F(s) gem.(a)	DBT ambulant und stationär	Prof.-Ernst-Nathan- Str. 1 90419 Nürnberg	Tel. 09 11/3 98 28 29 Fax 09 11/3 98 32 24
Kliniken Sonnenberg, Saarbrücken	s	gem.	DBT	Sonnenbergstraße 66119 Saarbrücken	Tel. 06 81/889-21 26 Tel. 06 81/889-15 18 Fax 06 81/889-24 09
Westfälische Klinik für Psychiatrie und Psychotherapie	a, s	gem.	DBT	Franz-Hegemann- Str. 23 59581 Warstein	Tel. 0 29 02/82-23 84 Fax 0 29 02/82-22 84
Zentrum für Psychiatrie Weinsberg	s	gem.	DBT/Skills	Weißenhof 74189 Weinsberg	Tel. 07 134/75-0 Fax 07 134/75-500

BPS	Borderline-Persönlichkeitsstörung
DBT	dialektisch-behaviourale Therapie
Skills	Fertigkeiten
TFP	übertragungsfokussierte Psychotherapie
VT	Verhaltenstherapie

Therapieangebote nach TFP

Dieses tiefenpsychologische Therapieangebot der Borderline-Störung befindet sich noch im Aufbau. Unseres Wissens bietet bislang erst eine Klinik ein stationäres Behandlungsprogramm an. Für die Vermittlung ambulanter Therapeuten, die nach der TFP arbeiten, gilt das bei der DBT Gesagte.

Institution, ggf. Besonderheiten	ambulant (a) stationär (s)	Männer (M) Frauen (F) gemischt (gem.)	Therapeutisches Angebot	Anschrift	Telefon
Fachkrankenhaus für psycho-therapeutische Medizin	s	gem.	TFP	Ringbergstr. 53 83707 Bad Wiessee	0 80 22/845-0

TFP   übertragungsfokussierte Psychotherapie

Andere Therapieangebote

Andere stationäre und zum Teil auch teilstationäre Angebote gibt es in einzelnen psychotherapeutischen Fachkliniken. Alle hier aufzuführen, würde den Rahmen sprengen. Man kann sich über diese anderen Angebote aber sehr gut im Internet in einer der bekannten Suchmaschinen unter den Stichwörtern »borderline, therapieangebote« einen Eindruck verschaffen. Unter dieser Adresse gibt es auch Erfahrungsberichte und Bewertungen einzelner Einrichtungen von Betroffenen.